생각의 곳간

KB189924

이 소중한 책을

특별히 _____님께

드립니다.

생각의 곳간

김선덕 지음

나침반

내 사명은 생각을 전하는 것···

농가에는 '광'이라고도 불리는 '곳간'이 있다.

이곳은 수확한 곡물이나 각종 식자재, 생활에 필요한 물건들을 보관하는 소중한 공간이다. 평소 아끼는 물건부터 버리지 못해 어쩔 수 없이 남겨둔 것까지···, 다양한 품목들이 곳간에 보관된다. 유년 시절 이곳에서 설탕과 밀가루를 가져가 호떡을 만들어 먹었던 추억이 생각난다.

삶의 지혜와 통찰을 담은 생각들을 글로 써보니 곳간에 보관했던 품목만큼 다양했다. 내게는 모두 소중한 내용들이지만 간혹 독자의 눈높이에 부족한 부분도 있을 것이다. 그러나 글의 내용만큼은 너무도 다양하기에 책 이름을 「생각의 곳간」으로 정했다.

이 땅에서 나는 무엇을 남기고 떠날까?

한 번뿐인 소중한 인생에 대한 감사의 보답으로 '생각을 전하는 것'을 사명으로 생각했다. 그래서 책을 선택했다.

사람은 떠나도 책은 남는다.

우리가 떠난 후에도 누군가는 이 땅에서 살아간다.

시간이 흘러 세상이 완전히 변해도 사람이 고민하는 주제는 크게 다르지 않을 것이다.

이 책은 그와 같은 인식을 발판으로 쓰였다. 그리고 시대를 넘어 공유되는 생각들이 삶에 필요한 지혜로 모여 선한 영향력이 되기를 바라는 마음이다. 이는 2000년 전에 기록된 키케로(Marcus Tullius Cicero)의 「의무론」을 읽었을 때 당시의 주장이 교훈으로 다가왔던 경험과 마찬가지라고 생각한다.

창작물은 사라지지 않는다. 그러나 작가는 꽁꽁 감춰지고 책만 널리 읽히길 바라는 마음이다.

「생각의 곳간」은 내가 살면서 경험한 일상의 주제들에 재미와 교훈을 담아 만들었다. 이 글이 부디 독자들의 삶에 유익이 되기를 소망한다. 고심하며 내용을 다듬다 보니 호소력이 약화된 느낌이 있지만 간결한 메시지로 쉽고 재미있게 읽을 수 있을 것이라 생각한다.

행복한 인생을 꿈꾸는 당신을 지금, 「생각의 곳간」으로 초대한다.

－저자 올림

PART 3 　믿음과 은혜의 곳간

PART 1

관계와 소통의 곳간

"

관계와 소통에 관한 생각으로
존중, 원칙, 방향, 목적, 책임, 판단, 설득, 언어, 매력, 가족, 소비 등을
담은 곳간이다.

"

1

소중한 나

나는 정말 소중한 사람이다.

얼마나 소중한지 가치를 말하자면 온 천하보다 소중하다.

내가 얼마나 소중한 사람인지 항상 잊지 말아야 한다.

나의 운명 마저도 사랑하는 자신이 되자.

또한 나는 존귀한 사람이다.

천문학적 무게의 황금보다 더욱 존귀하다. 그런데 그 존귀함을 깨닫지 못하면 추한 모습으로 쇠퇴할 것이다.

분주한 일상에 내몰려 기계적인 느낌으로 버티다 보면 나를 괴롭히는 여러 이유들로 움츠러드는 것이 현실이다.

우리, 오늘 무척이나 힘들었다고 해서 기죽지 말자.

살다 보면 오늘 같은 날이 더러 있다. 갈기갈기 찢기고 얼룩진 마음으로 고달픈 하루, 더럽게 운수가 사납고 뜻대로 되는 일이 하나도 없어 우울한 마음에 허탈한 한숨만 나왔던 하루…. 버티는 것도 실력이라는 말을 곱씹으며 지금까지 그래왔듯이 헛웃음 한 번에 서러움을 털어내 본다.

아주 많이 힘들 때면 반복되는 일상에서 벗어나 오늘 하루는 온전히 나를 위해 쓴다. 맛있는 식사를 대접하고 영화를 보여주고 평소 갖고 싶었던 물건도 사준다. 명품이라도 감당할 수만 있다면 괜찮다. 이렇게 해서 기분이 전환되고 일상을 버틸 에너지가 충전되었다면 잘한 일이다. 평소 나를 위해서는 천원 한 장도 허투루 쓰지 않지만 이럴 때 나를 위한 씀씀이는 꼭 필요하다.

나라도 내게 위로를 베풀어야 한다. 내가 아니면 지금 당장 시간과 비용을 써가며 누가 나를 위로해 줄까? 위로에도 적절한 타이밍이 있다. 이때를 놓치면 무엇이든지 별 볼일 없어진다.

한 가지 꼭 기억해야 할 사실이 있다.

내가 소중한 만큼 타인도 소중하다는 것이다. 상대를 대하는 태도를 보면 스스로를 얼마나 소중히 여기는지 알 수 있다. 자신을 소중히 여기지 않는 사람은 거친 언행으로 상대를 아프게 만든다. 자신도 아끼지 못하는 사람이 어떻게 타인을 소중히 여길 수 있을까? 가끔 스스로를 소중히 생각하면서 타인에게는 험하게 대하는 사람이 있다. 그런 경우는 매우 이기적이거나 미성숙한 경우이다.

자신만이 특별하다고 생각했다면 언젠가 그 착각을 깨닫고 후회할 것이다. 상대를 함부로 대할 이유와 권리가 자신에게 있는지 생각해야 한다. 만약 누군가에게 모질게 굴었던 기억으로 마음의 부담이 있다면 찾아가 용서를 구해야 한다. 그래야 내가 소중해진다.

나를 생각하듯 상대를 대하면 갈등은 커지지 않을 것이다. 소중함은 서로 함께 지키는 것이다. 서로 배려하고 매너를 지킬 때 인간의 가치는 상승한다.

한편, 이기심은 화평을 이루지 못하고 상처를 주고받으며 인간관계를 힘겹게 만든다. '왜 내 맘과 같지 않을까?'라며 답답하겠지만 상대는 다른 생각을 하고 있을 때가 많다. 우리 모두는 자신이 세상의 중심이기 때문이다. 이렇게 양보를 모르는 사람들과 부딪히는 게 싫어 무조건 참기만 한다면 마음만 괴로울 것이다.

자존감이 강한 사람은 말로 상대를 압도하기도 한다.

마치 몽학 선생[1]처럼 우리를 어린애 다루듯 하며 가르치려 한다. 때로는 친절하게 다가와 이야기를 들어주는 척하다

---

1) 그리스 시대에 아이가 자라서 16세가 될 때까지 시중을 들며 학교에까지 데려다 주는 임무를 맡은 노예를 말한다.

가 곧바로 자신의 생각을 풀어내며 주관을 관철시키려 한다. 그의 말을 안 들어주면 별것도 아닌 감투를 들먹이며 모나게 군다. 이런 사람을 상대한 날은 많이 피곤하다.

최근 스트레스를 받고 힘들었던 기억을 떠올려보자.

아마도 연관된 사람의 얼굴이 금세 떠오를 것이다. 그 사람을 떠올리는 것만으로도 다시 스트레스를 받는다. 하지만 모른 척 무시할 수 있을까? 대부분은 그럴 수 없다. 이 상황을 극복할 수 있는 방법은 그와 더욱 긴밀하게 소통하는 방법뿐이다.

사실 주변에 이기적인 사람이 많을수록 피로감은 더하다.

그런데 조금 손해 보더라도 그들의 이기적인 행동을 따라하지 않고 내 방식대로 정직하게 행동하는 것이 성숙한 모습이다. 상한 마음을 억누르는 당신을 위로해 줄 놀라운 축복이 반드시 있을 것이다. 온갖 불의한 권모술수에도 위축되지 않고 원칙을 지키며 살아가는 그 의지가 꺾이지 않기를 소망한다. 이런 당신은 참 소중한 사람이다.

2

분주한 일상

벌써? 시간 참 빠르네!

한 해를 마무리하는 뉴스를 보며 숨 가쁘게 지나온 순간들이 파노라마처럼 흘러갔다.

'올해 나는 뭘 했지?'를 생각하다가 "바빠!"라는 단어가 떠올랐다. 상투적으로 던진 말처럼 분주했지만 예년보다 크게 달라진 것은 없다.

나는, 과연 누구를 위해 바쁘게 살고 있을까?

알맹이는 없고 '속이 텅 빈 분주함' 같다. 분주한 이유를 정확히 설명하지 못하면서도 여전히 분주함 가운데 살아간다. 이런 시간들이 계속 쌓이니 여유, 미소, 배려, 정직 등은 줄어들고 딱딱하게 굳은 마음 때문에 인간관계가 더 힘들어진다.

무심코 쏟아내는 말과 행동으로 인해 좋았던 관계도 오래 유지되기 어렵다. 이렇게 사람 사이에서 점점 지쳐갈 때 나를 돌아보게 되었다.

먼저 순수했던 유년 시절이 떠올랐다.
추억은 과거의 나를 만나는 창이다.
이 창으로 본 유년 시절의 나에게서 여유를 배운다.
아, 그리운 시절!
추억의 곳간에 쌓여 있는 보물 중에서 '가족'을 발견한다.
그리고 지금의 가정을 돌아본다.
배우자와 화목한가?
자녀와 친밀한가?
갈등이 커져도 화를 참는가?
자녀에게 건강한 가치관을 심고 있는가?
이런저런 물음에 답변을 생각해 보니 머릿속이 복잡하다.
과연 가족은 나를 어떻게 생각할까?
누구보다 가족의 인정이 진짜배기다.
가족으로부터 인정을 받지 못하면 아무리 찬란한 인생이라해도 속 빈 강정일 뿐이다.

우리는 분주할수록 자신을 돌아봐야 한다.
누구보다 열심히 살았지만 삶을 돌아볼 여유 없이 흘러가는 강물 같은 삶을 살았다면 인생의 항로를 점검할 필요가 있다. 분주함에 휩싸이다 보면 인생에서 진짜 중요한 것을 놓치기 때문이다. 결혼을 미루거나, 건강검진을 미루거나, 만남을 미루거나, 계약을 미루거나, 필요한 공부를 미루거나….

여러 가지 중요한 것들이 분주함에 묻히고 만다. 그렇게 미룬 것들은 되돌릴 수 없기에 삶에 치명타를 입히기도 한다.

또한 분주함은 소중한 삶의 가치를 잃어버리게 만든다.

가족, 친구, 사명, 운동, 취미 등 인생에서 중요한 것들을 조금씩 놓치게 만든다. 그래서 우리는 분주함을 경계해야 한다.

인생에서 분주함 자체를 나쁘다고 판단할 수는 없다. 하지만 소중한 가치를 잃어버릴 만큼 몰입하면 문제가 될 수 있다. 분주해도 인생의 방향키를 확실히 잡고 한쪽으로 치우치지 않도록 해야 행복한 인생으로 향할 수 있다.

3

가족

가족을 한마디로 정의한다면 뭐라고 할 수 있을까?

가족은 사랑이다.

가족은 행복이다.

가족은 최고의 보물이다.

가족은 든든한 지지자다.

가족은 무조건 내 편이다.

가족은 위로다.

가족은 살아가는 이유다.

가족은 삶의 원동력이다.

가족은 힘을 솟게 한다.

가족은 살아가는 힘이다.

가족은 평안이다.

가족은 서로 꾸밈이 없다.

가족은 편하다.

가족은 함께 있을 때 말 한마디 안 해도 어색하지 않다.

가족은 정이다. 사실 미운 정이 더 무섭다.

가족은 희생이다.

가족은 인내다.

가족은 돌봐야할 짐과 같다.

가족은 아웅다웅거리는 원수 같다.

가족은 서로의 허물을 잘 안다.

가족은 모든 일을 용서할 수 있다.

가족은 함께한 추억이 있다.

가족은 대대로 내려오는 전통을 가지고 있다.

가족은 그리움이다.

가족은 잊히지 않는다.

가족은….

가족을 한마디로 표현할 수 있을까?

유년 시절부터 현재까지의 무수한 경험들을 압축하고 압축하다 보면 내게 가장 영향을 끼친 생각들이 튀어나온다. 이렇게 쌓인 기억들이기에 무엇보다 소중하다. 우리는 성장하며 부모님께 받은 사랑을 배우자와 자녀들에게 베푼다.

다정다감했던 가족의 추억을 생각하면 마음이 따뜻해진

다. 이것이 가족을 한마디로 표현하는 원리 같다.

아내는 "여름 휴가철이면 아버지의 짐받이 오토바이에 가족 모두가 타고 피서를 떠났던 추억이 떠올라 아이들을 태우고 어딘가로 떠나고 싶다"라고 말한다.

바람이 차가운 날 햇볕을 머금은 툇마루에 걸터앉아 어머니가 끓여주신 칼국수를 먹었던 기억은 아직도 가슴 한구석에 따스한 온기로 남아 있다. 우리 아이들과 함께한 숱한 식사 가운데 기억에 남는 추억으로 남기를 바라는 마음이다.

유년 시절, 형제들끼리 큰소리로 떠들며 놀 때면 아버지께서는 시끄럽다고 말씀하셨다. 그러면 우리는 이불을 뒤집어쓰고는 또다시 킥킥거리며 놀았다. 그 기억 때문인지 우리 아이들이 부산을 떨며 놀아도 그저 사이좋게 노는 모습이 좋을 뿐이다. 조금 시끄러워도 괜찮다. 이웃에 피해만 끼치지 않는다면 아이들이 맘껏 놀도록 배려한다. 내가 경험한 행복한 추억을 아이들도 느끼면 좋겠다는 마음, 그래서 좋은 추억을 가족이 함께 공유하고 싶은 마음이다.

가족 간에 행복을 느끼게 하는 말이 있다.

"사랑해, 고마워, 행복해, 감사해요, 수고했어요, 축복해요, 참 잘했어요, 최고예요, 야무지네요, 어쩌면 못하는 게 없어요, 역시 복덩어리…, 미안해, 힘내, 괜찮아, 걱정하지 마, 용기내, 잘할 수 있어, 너무 맛있어요, 오늘 너무 예뻐요, 어려 보여요" 등이다.

반면 행복을 파괴하는 말도 있다.

"한심해, 그것도 못하니, 병신, 머저리, 넌 뭘 해도 안 돼, 널 보면 답답해 죽을 것 같아, 어쩌다 너 같은 애를 낳아서…" 등이다. 이 언어폭력들은 마음에 커다란 상처를 남긴다.

불쾌감을 주는 강압적인 몸짓도 행복을 파괴한다.
배우자의 강한 눈빛에 제압당해 눈치를 보며 할 말을 제대로 못할 때는 슬픈 감정을 느끼게 된다.
가장의 고압적인 태도에 길들여진 가족들은 늘 긴장하며 살게 된다.
무시하며 비꼬듯 "어휴"라는 한숨을 쏟아내면 상대방의 가슴은 얼어붙는다. 한숨은 실망을 표현하는 메시지이기에 무시당하는 기분이 들어 마음이 참 쓰리다.

소유하려는 태도 역시 행복을 파괴한다.
누군가를 자신의 틀에 가두려 할수록 상대는 짓눌리는 권위에 대항하게 된다. 이때 욱하는 마음에 감정이 폭발해 짜증을 부리면 가족관계는 병들어 간다. 감정이 누그러져 멋쩍은 마음에 친절을 베풀지만 이미 상황은 좋지 않은 방향으로 흘러간다.
약속을 지키지 않는 것도 행복을 파괴한다.

약속을 자주 잊어버렸다면 가족을 소홀히 생각했기 때문이다. 가족으로부터 기대가 사라지면 체념만 남는다.

만약 화목하지 못한 가정에서 부정적인 말을 듣고 무시하는 분위기 속에서 자란 자녀라면 가족을 어떻게 정의할까?

우리 가족에 대해 생각해 보자.

잠시, 우리 가족의 대화 주제를 점검한다. 가족이라도 생각을 공유하지 않으면 서로의 상황을 모르고 지나치게 된다. 가족의 대화에서 서로의 일상에 관한 이야기는 빠지고 엉뚱한 이야기로 가득하다면 어떻게 서로의 마음을 위로할 수 있을까? 자녀가 자신의 처한 상황과 솔직한 감정을 표현할 수 있도록 그 토대를 만드는 것이 부모의 역할이다.

한편 가족은 말 한마디를 하지 않아도 그저 함께 있는 것만으로도 서로 간에 위로가 되고 힘이 된다.

언제가 될지 모르지만,
마지막 인류까지 남아 있을 이야기는 무엇일까?

아마도 그것은 가족 이야기일 것이다. 대부분의 가족 이야기는 감동적이다. 자식을 위해 고생한 아버지의 이야기를 듣고 자식의 눈가에 눈물이 고인다. 그 눈물은 미어지는 가슴에서 흘러나오는 찐한 사랑의 표현이다.

인간에게 가장 든든한 버팀목은 부모이다.

부모의 변함없는 사랑과 헌신 덕분에 자녀는 건강하게 세상을 살아간다. 부모의 헌신의 무게는 결코 측량할 수가 없다.

우리는 큰일을 겪을 때마다 가족밖에 없다고 느낀다. 이렇게 소중한 가족 중에서 한 명이라도 잃는다면 상상할 수도 없는 고통을 경험하게 된다. 가족은 결코 잊히지 않기 때문이다. 가족은 함께 있을 때 많이 아끼고 돌봐야 한다. 그래야 떠난 후에도 후회가 적다.

4

쌓여가는 그리움

어느 날 갑자기 아버지가 그립다.

적막한 밤, 아버지가 보고 싶은 마음에 초등학생 아들에게 "아빠"라고 불러보았다.

아들은 '뭐지?'라는 듯 머쓱한 표정을 지었다.

그리고 아들의 가슴에 얼굴을 대고 "아빠, 고마워요"라고 말해버렸다.

아들은 내 등을 토닥토닥 두드리며 "아들! 사랑해"라고 대꾸해 주었다. 이 말은 평소 내가 아들에게 하던 말이다. 그런데 아들의 말이 왠지 선친이 하시는 말 같아서 온몸에 전율이 흐르고 가슴이 메었다.

아버지는 나를 안아주시지 않았다. 그래도 아버지의 따스한 지지만큼은 충분히 받고 자랐다.

오늘은 왠지 "아버지 별일 없으세요? 잘 지내시죠?"라는 안부 인사를 드리고 당신의 목소리를 듣고 싶은 밤이다. 살다 보면 오늘 같은 날이 더러 있어 슬프다.

어느덧 지나간 청춘이 그리운 나이가 되었다.

그중에서도 학창 시절이 제일 그립다.

그때는 모든 것이 즐겁고 가진 것 없어도 풍성했었다.

급할 때면 전속력으로 질주했던 체력과 순발력이 그립다.

친구들과 모닥불 앞에서 불멍하던 추억, 별을 세며 밤 마실을 다니던 낭만이 그립다.

가슴이 답답할 때면 머리를 식히러 언제라도 떠날 수 있었던 시간적 자유가 그립다. 그리고 발길 닿는 대로 정처 없이 유유자적 자연을 벗삼던 여유가 그립다.

최신 가요를 들으려고 라디오를 끼고 살다가 기다리던 노래가 소개되면 공테이프에 녹음해 테이프가 늘어질 때까지 수없이 반복해서 따라 부르며 익히던 열정이 그립다.

미팅을 앞두고 부푼 기대로 두근거리던 설렘이 그립다.

길모퉁이에서 우연히 짝사랑하던 이성 친구와 마주치면 콩닥콩닥 심장이 뛰면서 빨개진 얼굴을 들키지 않으려고 도망치듯 자리를 피하던 수줍음이 그립다.

도서관에서 공부하며 미래를 준비하던 열심이 그립다.

비록 원하던 바를 이루지 못했더라도 노력했던 시간은 인생의 자산이 된다.

자라면서 익혔던 언어가 그리울 때가 있다.
등산길에 초등학생 아들과 속담 맞추기 게임을 했다.
내가 앞 구절을 말하면 나머지 구절은 아들의 몫이다.
내가 "발 없는 말이"라고 하면 아들은 "천리 간다"라고 답하는 게임이다.
"고래 싸움에 뭐지?"
"새우등 터진다!"
"그렇지. 잘했어"라고 칭찬해 주었다.
"닭 잡아먹고 뭐지?"
"오리발 내민다!"
우리는 지루한 하산 길에서 즐거움을 찾았다.
"다 된 밥에 뭐지?"
"된장찌개요."
엉뚱한 대답에 순간 깜짝 놀랐다. 그러고는 한참을 웃었다.
'다 된 밥에 된장찌개라니…. 그래 김이 모락모락 나는 밥에 된장찌개가 제격이지 재를 뿌리면 쓰나'라고 생각하고는 다시 게임을 시작했다.
"개밥에 뭐지?"
"손대지 마요!"
아들은 개밥에 손을 대면 물린다고 생각한 모양이다.
속담 게임은 갈수록 태산이었다.

"못된 송아지 뭐지?"

"땠지요."

엉덩이에 뿔난다는 말의 의미를 모르는지 이번에도 아들은 경험적인 대답을 했다. 그러고 보니 나 또한 속담을 잊고 살았다.

유년 시절 부모님께서는 속담을 자주 쓰셨다. 그래서 내겐 속담에 대한 향수가 있다. 직설적인 표현은 마음을 다치게도 하지만 시기적절한 속담은 교훈적이고 경우에 따라서는 언어의 세련미까지 느끼게 한다. 나처럼 언어에 대한 그리움을 가진 사람들이 있다. 사회생활을 하며 표준말을 사용하다가 고향에만 가면 사투리를 쏟아내며 행복해하는 것처럼 말이다.

고향이 그리울 때도 있다.

나이가 드는지 요즘은 소울 푸드가 그립다.

어렸을 때 아버지의 생신상은 최고의 식사였다.

지금은 더 이상 맛보지 못하는 추억이 되었지만…. 이제는 어른의 생일보다 아이의 생일을 더 신경 쓰는 세상이라는 것이 쓸쓸하다.

'고향' 하면 어린 시절 뛰놀던 추억이 생각난다. 고향은 그대로인데 함께 놀던 친구들은 온데간데없다. 그래서인지 고향을 떠올리면 그리움이 더 짙어진다.

오랫동안 살았던 동네 역시 그립다.

타향이라도 오래 살다 보면 고향에 준하는 애착이 생긴다. 그런 동네를 떠나 달라진 환경에 사느라 고달픔도 느끼지만 살다 보면 적응이 된다. 그래서 어느 순간부터 '우리 동네'라며 애정을 드러낸다.

초심이 그립다.

처음 정한 목표를 이루고자 노력하던 중에 새로운 것이 나타나면 좋아 보인다. 거기에 욕심이 더해지면 원래의 목표에서 방향이 바뀐다. 어떤 경우에는 아예 목표를 바꾸고 처음 생각을 잊어버리기도 한다. 시간이 지난 후에 보니 처음 정한 목표에서 많이 변했다. 얻은 것도 있지만 잃은 것도 많다. 그래서 처음 정한 목표를 이루었다면 어땠을까 궁금해진다. 어쩔 수 없는 선택이었다고 해도 변함은 미련을 남긴다.

그의 시선이 그립다.

따듯한 미소에 다정다감한 그와 마주치는 순간이 행복했다. 그래서 같은 공간에 더불어 있는 것만으로도 좋았다. 그의 존재만으로도 일상에 에너지가 되었다. 그런데 더 가까이 가고자 욕심을 부렸더니 예전의 따듯한 시선이 사라져 버렸다. 관계가 틀어지고 나니 예전의 순수함을 유지하던 때가 그리웠다. 좋은 사람과 더 가까워지고 싶은 것이 사람의 마음이다. 그러나 한번 떠나면 되찾기 어려운 것 역시 사람의 마음 같다.

마음속에 영원히 남아있는 사람이 그립다.

그 사람을 생각할수록 마음이 찡하다. 오랜 세월이 흘렀지만 잊히지 않는다. 정말 보고 싶은데 그럴 수 없다는 것이 더욱 간절한 그리움을 만든다. 내 곁에 소중함이 없을 때 마음이 참 시리다. 사무치도록 그리운 가슴은 까맣게 멍이 들었다. 보고 싶은 감정을 억누르며 사는 게 여간 고달픈 것이 아니다. 밀려드는 그리움을 감추려고 가슴을 짓눌러도 소용없다. 그리움의 크기에 압도당해 하염없이 눈물을 쏟아냈다. 몸이 병든 것도 아닌데 마음이 힘드니 기운이 없어 꼭 환자가 된 것 같다. 결국 누구도 그 자리를 채우지 못했다.

뜨겁게 찬양 부르고 기도하던 신앙이 그립다.

그때는 금요일 철야 기도회를 몹시 기다렸다. 성경을 일독하려고 점심을 굶어가며 말씀을 먹던 갈급함이 그립다. 쑥스럽지만 용기를 내어 복음을 전하던 때가 그립다. 생각해 보니 그때가 최고로 좋았다.

그리움을 어떻게 해야 할까?

그리운 마음을 지우지 못하고 사는 것이 인간적이란 생각이 든다. 반면 더 이상 그리움을 만들지 않으려고 차가워지는 가슴에는 응어리가 남는다. 그런 점에서 마음껏 정을 나누며 사는 당신이 좋다. 그리움을 심어준 당신께 고마움을 느낀다.

그리움의 대상은 부모, 연인, 친구, 동료, 멘토, 스승 등 다양하다. 하지만 그리워하는 마음이 도덕적이지 못하다면 잊어야 한다. 그것이 뜻대로 잘 안된다는 것이 문제이긴 하다. 우리는 인간이기에 순수한 그리움만 간직할 수는 없다.

"만물보다 거짓되고 심히 부패한 것은 마음이라…"(예레미야 17:9)

    '시간이 약이다'라는 말처럼 시간이 흐를수록 그리움의 세기는 약해진다. 그렇다고 그리움이 전부 소멸되는 건 아니다. 돌덩이에 눌린 것 같은 가슴을 지탱하며 살아간다. 이렇게라도 견딜 수 있다면 탈 없이 살아간다. 앞으로도 인내가 고갈되지 않기를 간구할 따름이다.

    그런데 너무 벅차면 조였던 마음을 풀어야 한다.

    그리움을 억누르지 않고 그대로 마음속에 채워야 한다.

    밤하늘의 달도 차야 기울 듯이, 물이 가득 채워져야 비우면서 돌아가는 물레 방아처럼, 그리움도 채워야 비울 수 있다. 그리움이 가득차면 비워내야 마음이 가벼워진다. 비우는 방법은 스스로의 상황에 맞춰 찾아야 한다. 그동안 집착했던 해묵은 그리움이나 미련들을 한꺼번에 비워내면 새롭게 다가오는 소소한 그리움들이 그 공간을 채울 것이다.

5

서운했던 기억

당분간 혼자 지낼 생각에 고독이 밀려왔다.

가족을 배웅하고 혼자 집으로 돌아오는데 추적추적 가을 비가 내렸다. 밖은 금세 캄캄해졌다. 선루프에 튕기는 빗방울 소리가 점점 커지자 와이퍼의 움직임이 더 분주해졌다. 오늘 비는 마치 가을에게 떠날 채비를 하라고 말하는 것 같다. 아 무래도 곧 추위가 다가올 모양이다. '가을이 이렇게 빨리 떠나 다니…'라고 생각되자 갑자기 서운함이 밀려왔다. 그러고 보니 아직 단풍 나들이도 못했는데 이 비로 인해 단풍이 다 떨어질 까 아쉬웠다.

집으로 돌아와 불을 켜지 않고 어둠 속에 머물렀다.

벽에 기대앉아 라디오 프로그램 「CBS 김현주의 행복한 동행」을 들었다. 선곡된 음악들은 창밖의 빗소리와 잘 어울렸다. 그렇게 멍하니 꽤 시간이 흘렀다. 사실 가족과 함께 있으면 이렇게 멍할 틈이 없다. 가을비 때문에 울적했던 기분이 음악 덕분에 그리운 마음으로 치환되었다. 이 가을밤에 평소 보고 싶었던 사람들의 얼굴이 영화 필름처럼 스쳐갔다.

'아, 보고 싶네! 잘 있나?'

누군가와 함께 커피를 마시며 도란도란 이야기 나누고 싶은데 불쑥 연락해 만날 수 있는 사람이 없다니 서럽다.

아이들이 자라면서 아주 서서히 간격이 느껴진다.

아빠 껌딱지였던 아이였는데 언제부턴지 자신의 영역을 만들고 있음을 느낀다. 아이들의 성장에 꼭 필요한 과정이지만 품에서 떠나려는 움틈조차도 서운할 때가 있다. 하지만 홀로 서기 하도록 배려한다. 어차피 때가 되면 품에서 완전히 떠나보내야한다는 걸 안다. 나도 그렇게 떠나왔으니까…. 형제자매도 한 지붕 아래에서 살다가 떨어져 지내면 조금씩 간격이 생기기 마련이다. 다행인 건 자주 못 보더라도 만나면 금세 왁자지껄 해진다는 것이다.

어쩜 저렇게 말할까?

이런 생각이 들 때 서운함이 밀려온다. 옆에서 지켜보았기에 잘 안다고 생각했는데 결정적인 순간에 기대와 다르면 실망스럽고 속상하다. 그렇게 말하는 사람이 아내이건 친구이건 동료이건 기대가 있었던 만큼 실망하게 된다. 내 마음을 몰라줄 때 그만큼의 간격이 벌어진다.

왜 내게만 따질까?

이런 상황에 처하면 서운함 감정이 생긴다. 한 번은 문제 해결을 위해 고생하며 협력했다. 파악한 상황들을 주변에 설명해 주다가 예상치 못한 질타에 당황했다. 수고하며 문제의 뒤치다꺼리를 도운 내게 "왜 그렇게 밖에 못했냐?"라며 핀잔을 주는 그 사람이 정말 서운했다. 문제를 일으킨 당사자에게 따지는 대신에 그동안 품었던 불만을 내게 퍼붓는 것이라 느꼈다. 그는 하고 싶은 말을 다했으니 속 시원할 것이다. 그런데 나는 그렇게 할 수도 없고 할 생각도 없다. 그저 일방적으로 감내하는 상황에서 서운함이 커졌다. 그럼에도 나는 문제 해결이 끝날 때까지 돕는 일을 멈출 수가 없었다.

어떻게 나만 몰랐을까!

누구라도 이 상황이 되면 서운할 것이다. 함께 한 일에서 나만 모른 체 방향이 결정되고 계속 진척되었음을 나중에 알면, 서운함이 수그러들지 않는다. 이해관계에 의해 바이패스 (bypass) 되었다면 공동체에 대한 신뢰가 무너지기도 한다.

하지만 이 상황에 대립하기보다는 지혜롭게 풀어가는 것이 필요하다. 바이패스 단계를 넘으면 '분류'로 심화된다. 무리를 나눈다는 뜻의 분류는 일상에서 늘 일어나고 있다. 물건을 종류나 크기 또는 중량별로 분류하는 것처럼 세상에는 다양한 분류가 존재하며 공동체에도 필요한 분류가 행해진다.

인사 관점에서 공개적이고 공평한 분류에 의한 적합한 지원은 불만을 해소한다. 그런데 블랙과 화이트 리스트를 만들어 공공의 권익보다 일부의 유익을 대변하는 분류는 문제를 야기한다. 언젠가 판도라가 열리면 감당하기 힘들어지는 함정을 만들어 놓은 것이다. 희망했던 분류에 포함되지 못한 사람들은 상당히 서운하고 분한 마음이 들기도 한다. 이렇게 소외되거나 평가절하될 때 고스란히 느끼는 상실감이 사람을 병들게 만든다. 이것이 분류가 주는 아픔이다. 지금 내가 행하는 분류에 편견이 없는지 정직한 점검이 필요한 이유다.

김장철이 다가오고 있다.
이때를 '긴장철'이라 부른다고 한다. 아마도 김장철에 며느리들의 마음을 표현한 듯하다.

장모님께서 어쩔 수 없이 김장을 멈추시면 그 맛을 느낄 수 없어 서운한 마음 한가득이다. 나로서는 흉내 내지 못하는 맛이다. 손수 담가본 김치는 제맛이 안 나 김장은 엄두도 못낸다. 사실 재료를 구별하는 안목부터 부족하다. 지금이야 겨울철이라도 먹거리가 다양해서 김장 김치에만 절대적으로 의존하지 않으니 사실상 김치 소비가 줄었다. 김치 맛을 모르고 자랐다면 김장의 의미를 갖지 못할 수도 있지만 나는 어린 시절부터 입에 밴 김치 없이는 못 산다. 그저 김치 없이도 라면을 잘 먹는 둘째가 신기할 따름이다.

야구를 좋아하는 내게 프로야구 시즌이 끝나는 것은 떠나가는 가을만큼이나 서운하다.

좋아하는 야구를 보려면 이듬해 봄까지 긴 시간을 기다려야 한다. 그리고 시즌이 시작되면 야구 시청에 많은 시간을 쏟는다. 그래서 경기 시간을 줄이는 방안을 생각해 봤다.

현재 야구는 9회까지 27명의 타자를 아웃시켜야 끝난다. 이를 7회로 줄이면 야구팬들의 아쉬움이 커져서 절대로 안 된다. 하지만 7회까지 한 이닝에 4명의 타자를 아웃시키는 방식으로 바꾸면 어떨까? 개인적으로 생각하면, 투수 입장에서 부담이 클 것이다. 그래서 승리 투수 여건도 4회를 채우는 것으로 한다. 분명 득점 찬스 때 점수가 많아질 것이다. 팬들은 열광하겠지만 투수는 고달플 것이다. 또한 점수를 내지 못하는 이닝조차도 투구 수를 끌어올릴지 여부가 관건이다. 이는 공수교대 시간을 줄인다는 측면에서 경기 시간 감소 효과를 생각해 본 것이다.

야구를 보면서 시간 낭비라는 생각을 한 적이 없다.

야구는 인생과 비슷한 것 같다. 야구 속에는 긴장으로 시작되는 짜릿한 즐거움과 실망이 공존한다. 어제의 아쉬움을 오늘의 홈런으로 말끔히 떨어낸다. 그래서 야구가 좋다. 인생역시 야구처럼 그때그때 앙금을 날려버리면 하루하루가 가벼울 것이다. 오늘의 서운함을 털어내는 지혜를 나는 야구를 보며 배웠다.

유년 시절 우리 집은 마을에서 조금 떨어진 외딴 동네였다.

야트막한 산 아래 옹기종기 세 집이 위치했는데 해가 잘 들지 않아 겨울이면 엄청 추웠다. 주거 환경이 열악한 이곳을 사람들은 빈민촌이라 불렀다. 무엇보다 또래가 없어서 방과 후 집에 오면 심심했다. 이때 자연은 무료함을 달래주는 돌파구였다. 산과 개울에서 실컷 놀았다. 이러한 환경 때문인지 나의 성격은 자연스럽게 내성적으로 굳어졌다.

고독한 유년 시절을 보내며 형성된 성격을 바꾸는 것은 쉽지 않다. 하지만 유년 시절에 고독했다고 해서 노년까지 그러라는 법은 없다.

고독은 나이 들면서 찾아오는 허리 통증처럼 만성적이다.

평소 잘 지내다가 고독은 통증같이 내게 찾아왔다.

바쁠 때와 달리 여유가 생기면 고독이 밀려든다. 묵직한 그 기분을 허심탄회하게 토로하고 싶어 휴대폰의 연락처 화면을 연실 올려봐도 전화할 상대를 찾지 못한다. 연락하기에 편안한 상대가 없자 세상과 동떨어진 외톨이처럼 느껴진다.

사람은 지독한 외로움을 느껴봐야 사람의 소중함을 안다.

비로소 옆에서 함께한 사람의 고마움을 알게 된다. 옆에 있어서 고맙고 같이 시간을 보내서 고맙다. 고독은 사람을 겸손하게 만들고 타인을 귀하게 여기게 한다. 그래서 적당한 고독은 유익하다. 가끔은 필요에 의해서 고독을 선택해 보면 주변과의 갈등도 해소될 것이다.

그런데 고독에 너무 익숙해지면 사람과 어울릴 마음이 사라진다. 그러나 사람은 더불어 살아가야 하기에 손을 내미는 노력을 멈추지 말아야 하고 나에게 다가온 손도 귀중히 여겨야 한다.

오늘날 많은 사람들이 외로움을 느끼고 있다.

사람은 누구나 대우받고 관심받기를 원하는 욕구를 가지고 있다. 그런데 나를 인정해 주거나 끌어주는 사람이 전혀 없어 소외당하고 단절된 서운한 마음이 외로움을 키운다.

도시에서는 많은 사람들과 같이 있어도 함께 있다고 느껴지지 않는다. 외로움을 달래주는 소셜미디어나 온라인 커뮤니케이션에 익숙해지면 누군가와 함께 있어도 각자의 휴대폰만 보게 된다. 그리고 전화 통화보다 문자 메시지를 선호한다.

코로나19로 인한 언택트(untack) 생활방식이 외로움을 키웠다. 감염을 걱정해 서로 떨어져 지내는 것을 배려라고 생각했다. 사회적 거리 두기가 오래 지속되자 외로움이 커져만 갔다. 공원, 놀이터, 도서관, 운동장 등 사람이 모이던 공간은 한동안 폐쇄되거나 이용을 제한한 결과 서로의 접촉이 줄어들었다. 게다가 온라인 쇼핑이나 배달 앱 이용이 증가해 동네 매장에서 접촉하는 기회까지 줄었다. 이 모든 환경이 우리의 결속력을 점차로 약화시켰다.

외로움이 전적인 개인의 문제라면 스스로 교류를 넓혀가야 한다. 하지만 현실은 자본주의가 만든 경쟁하는 생태계 속에서 확대되는 이기심으로 인하여 외로움이 만들어지는 환경에서 살아간다. 그러나 상대의 입장에서 생각하고 타인을 배려할 수 있다면 조금이나마 외로움에서 스스로를 구하게 될 것이다.

외로움을 극복하고자 서운했던 기억을 지우는 것이 오늘의 숙제이다.

6

적당한 균형

"조금만 줘요!"

식탁에 앉을 때마다 아내에게 건네는 말이다. 아내는 항상 밥을 후하게 퍼준다. 든든하게 먹으라는 마음은 알지만 매번 덜어 달라고 부탁해야 한다. 그리고 한마디 덧붙인다.

"조금만 만들어요!"

여러 가지 반찬들 만들지 말고 한두 가지만 만들어 김치와 곁들여 먹자고 당부한다. 매번 반찬 만드는 수고가 대단히 많기 때문이다. 그래서 차려준 반찬을 다 먹지 못하면 미안하다.

한동안 아내가 해주는 음식들을 깔끔하게 비웠더니 체중계에 오르기가 망설여졌다. 저울의 수치는 신속하고 냉정해 최근의 식생활을 떠올리게 했다. 체중이 늘어 둔해 보이면 절제를 못한다는 소리를 들을까 봐 늘 체중에 대한 부담감을 갖고 산다. 결국 맛있는 음식을 마주할 기회를 줄여야 하지만 맛의 즐거움 역시 일상에서 누리는 행복이기에 쉽지 않다.

과식을 하지 않아야 하는데 식욕을 억제할 수 없을 때면 소화기관에 부담을 주게 된다.

그래서 절제의 노력으로 아내에게 조금만 달라고 부탁한다. 그럴 때도 '반찬이 별로라서 그런가?'라고 아내가 오해할까 봐 눈치를 보며 조심스럽게 말한다.

아내는 가족의 입맛을 돋우고자 여러 가지 반찬을 준비해 영양을 골고루 갖춘 식사를 준비한다. 그런데 아이들은 정육점에서 사 온 재료로 만든 고기반찬만 먹는다. 덕분에 채소류 반찬들은 모두 내 몫이다.

너무 낭비다!

가족들과 외식을 하러 간 식당에서 반찬이 과하다고 느낄 때면 낭비라는 생각이 든다. 상다리가 휘어질 듯 푸짐한 한상을 받을 때는 잠시 감동한다. 그러나 식사를 하는 동안 한 번도 손대지 않는 반찬들도 있다. 때론 음식 가격에 비해 가짓수가 많다면 '재사용하는 것은 아닐까?'라는 합리적인 의심을 하게 된다.

음식물 쓰레기 배출량으로 낭비의 정도가 증명될 것이다.

물론 모든 반찬들이 신선하고 맛있으며 주인장의 후한 인심에 정성이 듬뿍 담겨있다면 식객에게 즐거움을 준다. 이렇게 푸짐한 한상을 맛있게 비우고 나면 소화의 고통이 시작된다. 그래서 뷔페는 항상 부담이다. 종류별로 한 가지씩만 맛보아도 배부른데 거기에 맛난 음식을 더 먹으면 완전 과식이다. 그날은 소화하느라 힘겹다.

너무 빼곡해! 답답해!

주변에 건물들이 너무 많다. 그동안 수도권은 여백을 남겨두지 않고 계속해서 건물들로 채워왔다. '미래에도 이 건물들을 계속 활용할까?'를 생각해 보니 여백을 남기는 것이 미래를 위한 배려라고 생각된다. 후손을 생각한다면 신도시는 더 이상 해법이 아니라는 게 내 생각이다.

현재 신도시에 채워진 인구는 기존 도시에서 이동된 것이다. 그만큼 기존 도시는 방치되고 활력을 잃는다. 기존 도시를 재생하는 방법이 미래 세대를 위한 현명한 해답으로 보인다. 우리 주변에 남아있는 여백을 그대로 유지하면서 기존 도심에 고색창연한 건축물을 알차게 업그레이드하는 방법을 모색했으면 좋겠다.

집안도 마찬가지다.

한정된 주거공간에 가전, 가구, 의류, 생활용품 등이 빼곡하다면 답답함을 느낄 것이다. 그런데도 계속해서 쇼핑으로 공간을 채워간다면 답답함은 더해간다. 어느 정도 공간적 여백이 있어야 쾌적함을 보상받는다. 여백을 유지하는 것이 과소비를 줄이는 방법이기도 하다.

주거공간에 있는 물건 중 꼭 필요한 것이 아니라 그저 좋아보여서 구매한 물건들은 과소비에 가깝기에 당연히 활용도가 떨어진다. 반면 과도한 미니멀 라이프를 추구해 생활에 불편을 감수하는 것은 마치 중세로의 귀환과도 같다. 과도하게 아끼며 절제하는 생활이 가난을[2] 벗어나게 하는 방법은 아니므로 적당한 소비의 균형을 통해 누리며 사는 것이 필요하다. 그러나 수입보다 지출이 많으면 분수를 모르는 생활이 된다.

"친구야, 무슨 일이야?"

모처럼 만난 친구가 폭삭 늙어 보인다며 내게 다가와 안부를 물었다.

나는 욕심이 과했다고 대답했다. 그러면서 욕심이 늙게 만들었다는 걸 다시 한번 절감했다. 마음의 경고를 듣고 멈춰야 했는데 그러지 못했다. 욕심은 어느덧 나를 벼랑 끝까지 몰아갔고 거기서 힘겹게 버티다 결국 곤두박질쳤다.

그런데 이상했다.

함께 떨어진 사람들은 날개를 펴더니 창공으로 날아올랐다. 그제서야 근본적인 차이가 있다는 것을 깨달았다. '뱁새가

---

2) "흩어 구제하여도 더욱 부하게 되는 일이 있나니 과도히 아껴도 가난하게 될 뿐이니라"(잠 11:24)

황새 따라가면 가랑이 찢어진다'라는 속담의 의미가 머릿속에서 떠나지 않았다. 스스로를 돌아보며 '조금만 더'라고 부추기던 욕심을 다스렸어야 했다. 조금씩 욕심을 비워내니 홀가분한 마음에 소확행이 많아졌다.

계속해서 비난만 해야 할까?

정치 뉴스를 보며 비난이 과하다는 생각을 자주 한다. 우리는 작은 비난에도 움츠려드는데…. 그런 면에서 보면 정치가의 멘탈은 실로 대단하다. 언론은 강도 높은 비난에 초점을 맞추어 문제를 자극적으로 다루기도 한다. 이를 보면서 무엇이 핵심인지 그 초점이 흐려지곤 한다. 그렇다고 정치를 계속 무시할 수는 없다.

정치적 쟁점들이 당장 우리 삶과 밀접한지는 잘 모르겠다. 하지만 국가의 미래에는 영향을 미친다. 그런데 정책을 결정할 때 서로 양보하지 않고 치열한 입장 차이를 벌이는 팽팽한 대립 상태에서 표결을 통해 간신히 통과된 법안이 과연 국민에게 공평하게 유익할 수 있을지 의문이 든다. 갈등이 크면 클수록 결과의 수혜자와 피해자의 구분이 분명해질 것이다.

가끔은 정치를 공학적인 계산에 대입해 복잡한 풀이 과정을 통해 오답을 내기도 한다. 공의와 정의만 품고 접근하면 정답은 매우 가까이 있어 국민들 속으로 파고드는 정치 뉴스가 될 것이다.

살면서 누구나 비난을 하기도 하고 받기도 한다.

그런 측면에서 비난은 절제가 필요하다. 누구나 비난을 수용하는 데는 한계가 있다. 그래서 비난이 과해지면 엉뚱한 결과를 만들기도 한다. 비난을 통해 얻고자 했던 바를 공손한 요청으로 바꾼다면 결과는 달라질 것이다. 비난은 결국 비난으로 돌려받지만 대화는 비난을 종식시키며 원하는 바에 가까워진다.

"괜찮습니다."

때로는 이 말을 하기가 보통 어려운 게 아니다.

과도하게 챙겨주는 친절이 불편하고 타인의 시선까지 신경 쓰여 일방적으로 받기만 하는 것은 무척 부담스럽다.

친절이 부당한 간섭으로 느껴지고 선한 의도까지 의심하게 되자 이에 대처하는 지혜가 필요하다는 생각이 들었다. 그런데 단호한 거절이 그동안의 관심과 배려를 상처로 되돌려주는 것 같아 도리가 아니라고 생각했다. 친절을 적당히 베푸는 것이 상대에 대한 배려라고 일깨워주고 싶은데 마음을 다치게 만들까 봐 신경 쓰였다. 하지만 솔직한 마음을 알려주는 것이 옳은 선택이라 생각해 결국은 이 말을 해야만 한 적이 있다.

살면서 많은 영역에서 적당함이 필요하다.

과하면 문제 될 때가 많다. 적당함이 좋다고 판단될 때는 적당한 밸런스를 유지하는 것이 실력이다.

나에게 적당하지 못한 부분은 무엇일까?

생각나는 것으로부터 적당한 균형을 유지하는 것이 형통의 비결이다. 치우치면 이득이 없다.

"좌로나 우로나 치우치지 말고 네 발을 악에서 떠나게 하라"(잠언 4:27)

7

어려운 설득

마음이 떠난 여인과 입맞춤하는 것이다.

애원하며 매달려도 떠나버린 마음을 되돌리려는 설득은 결코 쉽지 않다.

"있을 때 잘해"라는 말이 정답이다.

구질구질하게 애원하지 않는 단호한 결심이 필요하다. 이별이 아파도 참아야 한다. 그래야 시간이 흘렀을 때 옛 추억을 아름답게 꺼낼 수 있다. 그런데 증오가 표출된 얼룩진 이별 과정은 추억까지 잔인하게 만든다. 어쩌면 마지막 호흡까지 가슴에 멍이든 채로 남았을 것이다.

정치적 노선이 다른 사람을 회유하는 것이다.

이는 북상중인 태풍을 향해 항로를 바꾸어 달라고 바라는 것보다 더 어려운 설득일 수 있다. 어떤 사람은 목에 칼이 들어와도 마음을 바꾸지 않는 선비정신이 있다. 그가 추구하는 정치 철학은 결코 흔들리지 않는 한결같은 목소리로 세상에 영향력을 미친다. 공천에 따라 쉽게 바꾸는 색깔들과는 차원이 다르다. 스스로의 소신을 미리 점검해야 '나는 마음이 흔들릴 만한 특별한 제안을 받았을 때 철새가 될 것인가?'라는 질문에 적절히 대처할 것이다.

1 + 1 = 3을 증명하는 것이다.

자신조차도 이해하기 어려운 일을 남에게 강요하는 것은 마치 이단을[3] 진리라고 말하는 셈이다. 가짜를 진짜라고 우기려면 에너지가 많이 소모된다. 이단들의 논리가 아무리 그럴 듯해 보여도 가짜를 붙잡고 정답같이 설명하려면 말이 많아지고 피로가 쌓인다. 사실 1 + 1 = 2는 크게 설명할 것이 없다. 그러나 이단은 1 + 1 = 3을 가지고 장황하게 설명하며 이해를 강요한다. 그런데도 이단에 현혹되어 진리를 잃어버리는 것은 어리석은 일이다. 전부에 가까운 대부분을 잃고 가짜를 깨닫게 된다면 너무 안타까운 노릇이다. 가짜를 붙잡고 있지는 않은지 스스로를 자주 돌아보아야 한다.

---

3) "돌아서서 유익하게도 못하며 구원하지도 못하는 헛된 것을 따르지 말라 그들은 헛되니라"(삼상 12:21)

자녀의 결정을 바꾸는 일이다.

자녀가 선택한 계획이 못마땅하고 한편으로는 걱정되어 부모의 안목에서 충고를 해도 자녀의 의지는 변함없다. 이는 진로, 취미, 결혼 등 다양한 선택에서 해당된다. 부모의 경험으로 방향을 제시하며 설득해도 자녀의 뜻을 바꾸지 못하면 부모는 적당한 선에서 그만두게 된다. 어차피 자녀의 인생이니까…. 어떠한 결정이든 자녀 스스로 책임을 져야 한다. 사람은 한번 무엇인가에 꽂히면 방향 전환이 꽤 힘들다. 힘든 난관에 부딪히며 목표에 도전하는 것이 무기력하게 보내는 것보다 얻는 게 많을 것이다.

고심 끝에 내린 결정을 바꾸는 일이다.

일터, 주거지, 교회 등 우리는 중요한 결정을 앞두고 충분히 생각을 한다. 그래서 고심 끝에 내린 결정은 아무리 설득해도 되돌리기가 쉽지 않다. 앞날을 고려해 새로운 회사로 이직하려 사직서를 제출하는 직원을 설득하는 것은 쉽지 않은 일이다. 여러 조건을 고려해 이사를 계획한 사람에게 이웃들의 만류는 인사치레에 지나지 않는다. 사실, 정든 곳을 떠나는 사람의 마음이 가장 힘들다.

새로운 교회에 등록했는데 이전 교회에서 붙잡을 때 난처하다. 그 사람은 마음속으로 이미 새로운 결심을 붙잡고 있을 것이다. 하지만 모든 결정의 중심에는 회피가 아닌 도전이 되어야 한다. 쫓기듯 내린 결정은 후회를 남기지만 도전은 다르다. 새로운 곳에서 열심히 쓰임 받고자 하는 마음이 우선되기에 결과가 좋다.

책임 회피를 위한 핑계이다.

상대방의 명예나 재산 피해에 직간접적으로 개입하였고 그 상황을 설명해야 한다면 명확하게 답변해야 한다. 하지만 그 반대를 선택했다면 어려운 설득이 시작된다. 모호한 요인들을 거론하며 자신의 책임을 회피하려는 자세가 결국 불리하게 작용될 수 있다. 또한 엉뚱한 사람을 탓하며 발목을 뺐다가 그도 책임을 회피하게 되면 모든 책임을 홀로 감당할 수도 있다. 궁지에 몰린 끝에 책임을 지게 되면 더욱 초라해진다.

정당한 책임을 다하는 모습이 정말 드물다. 자신의 책임을 떠넘길 때 가벼움은 잠시이지만 책임의 무게는 늘 자신을 짓누르고 있다. 우리는 책임을 다하는 정신을 배워야 하고 가르쳐야 한다. 책임감은 인간의 숭고한 가치다. 책임을 다하는 사람은 아름답고 존귀하다.

계속되는 거짓말이다.

한 번 거짓말을 하면 추가로 거짓말이 이어진다. 자존심은 양심을 가볍게 눌러버렸다. 대화가 계속될수록 처음의 거짓말을 지키기 위한 불필요한 거짓말들을 멈추지 못했다. 탄로 나지 않으려면 거짓말을 기억해야 하며 조금이라도 내용이 달라지면 보충하는 말이 늘어나 깔끔함을 주지 못한다. 그래서 거짓말로 설득하기가 쉽지 않다.[4] 애초에 거짓말을 시작하지 말아야 한다. 거짓말이 불어나면 책임감이 느껴진다. 작더라도 재정적인 피해가 발생하면 사기가 되기도 한다. 또한 거짓말이 익숙해지면 꾼이 된다. 사기꾼…. 반면 솔직은 엉뚱하게 꼬여가는 것을 되돌리고 양심을 회복한다.

쉽게 입장을 바꾸는 것이다.

속셈이 탄로 나자 기존 입장을 확 바꾸었다. 그러고는 마치 처음부터 같은 편이었던 것처럼 적극적으로 협력하며 믿음을 쌓는다. 그렇게 신뢰가 형성되면 또다시 입장을 바꾼다. 그런 사람을 과연 얼마나 신뢰할 수 있을까? 쉽게 바꾼 태도는 공동체를 설득했다고 믿었지만 사실 스스로만 속고 있을 수도 있다. 사람들은 쉽게 바꾸는 태도에 대한 의심을 풀지 않는다. 사랑과 충성과 의리는 쉽게 바뀌지 않아야 진짜다.

김장을 중단하는 것이다.

어느 한 어머니가 올해부터는 김장을 담그지 않고 사 먹자고 제안하셨다. 그런데 비싸게 산 '금치'가 맛까지 별로이니 고민을 하시다가 뒤늦게 김장을 담그셨다. 그 이유는 "금치를 먹으면서 겨우내 식탁에서 잔소리할 가족을 설득하는 일이 김장의 수고로움보다 더 고생스러울 것 같았다"라는 것이다. 나

---

4) "진실한 입술은 영원히 보존되거니와 거짓 혀는 잠시 동안만 있을 뿐이니라"(잠 12:19)

는 어머니가 토로하시는 말에 공감했다.

길들여진 입맛을 바꾸기가 쉽지 않다.

결국 자신조차도 설득을 못하니 하던 대로 하게 된다. 이런 일이 어찌 김장에만 해당될까! 우리는 몸에 밴 습관을 잘 바꾸지 못한다. 김장을 중단해 본 것처럼 일상의 습관을 중단해 보면 분명한 평가가 나온다. 이때 좋은 평가가 나온다면 그대로 유지하면 된다.

어려운 설득을 하기 위해서는 먼저 자신이 설득되어야 한다. 그다음 상대에게도 어려운 설득이 받아들여지면 좋겠지만 거부당해도 상대의 결정을 인정해야 한다. 더 이상 설득이 안 될 때면 과감하게 자신의 생각을 점검해야 한다. 이를 통해 스스로의 생각을 달리할 수 있다면 성장하는 자신을 만날 것이다.

8

맥 빠지는 말

"원래 그래. 원래 그렇지 뭐."

이런 말들은 사람을 참 맥 빠지게 만든다. 조금 덤벼보다가 버거워지면 체념했던 경험이 누구에게나 있다. '원래'라는 말이 뭐 그렇게 강력한지 속절없이 포기하게 만든다. 그렇다면 원래부터 손해 보는 사람이 있는가 하면 원래부터 기득권을 누리는 사람도 있을 것이다. 그래서 원래라는 말이 공평의 중심에서 멀어진 내용들이 많다.

원래라는 말을 듣고 처음부터 포기한 경험이 있는가?

그렇다면 그 원래에게 부딪혀 볼 필요가 있다. 도대체 언제부터 "원래 그랬다"라는 것인가! 무슨 일이든지 하던 것을 바꾸는 것은 고되고 힘겹다. 하지만 그 과정을 거쳐야 원래가 사라지고 이제부터는 상황이 달라진다. 물론 달라진 상황에 맞추다 보면 원래로 되돌아갈 때도 있다.

"너는 무조건 될 거야."

주변에서 계속 바람을 불어넣었다. 큰 기대가 없었는데 부추기는 사람이 많으니 어느덧 욕심이 자랐고 최고의 적임자라는 믿음이 생겼다. 그런데 아무런 조건도 없는 무조건의 절대적인 기대가 빗나갔다. 기대에 비례한 만큼 허탈했다. 바람을 잡았던 사람들은 아쉽다며 다음에는 무조건 될 거라고 말했지만 위로는 고사하고 더욱 맥 빠졌다. 도대체 무조건이 무슨 뜻인지나 알고 말하는 건가! 결국 나에 대한 평가는 특정 조건에 미흡했을 것이다. 하지만 여기서 인정해야 한다. 마치 결과에 떼쓰는 모양의 행동은 어리광으로 비쳐 유치할 뿐이다.

"당신 참 수고 많았네, 그런데…."

수고했다. 이렇게 마침표를 찍었다면 참 좋았을 것을….
'그런데' 하며 덧붙여진 말이 사람을 맥 빠지게 만든다.
나름 노력했는데 첨삭을 듣고 수고한 보람이 싹 사라졌다.
다음번에는 최선을 다하고자 하는 마음이 줄어들 것 같다.
덧붙여진[5] 말이 과연 유익한 것일까?
칭찬 뒤에 덧붙이는 말은 지극히 주관적인 생각이다. 칭찬

---

5) "모든 수고에는 이익이 있어도 입술의 말은 궁핍을 이룰 뿐이니라"(잠 14:23)

을 칭찬으로 끝내는 사람은 배려하는 인격을 갖춘 사람이다. 그렇지 못한 사람은 칭찬을 베풀고도 다 까먹고 만다. 덧붙이고 싶은 말이 있음에도 참는 것은 엄청난 인내이다.

"뭐 하나만 물어봐도 될까?"

이 말이 궁금한 비밀을 알아내려는 의도로 인식되면 불편한 반응이 절로 나온다. 예상하지 못했던 식사 초대를 받고 석연치 않은 구석이 있었지만 무례할까 싶어 거절을 못 했다.

"든든히 먹어라. 부족하면 얘기하고."

사실 식사를 차려주신 아주머니가 의아했다. 그래도 여기까지는 참 감사했다. 내가 식사를 하는 동안 머뭇거리시던 아주머니는 "뭐 하나만 물어봐도 될까?"라며 궁금증을 꺼내셨다. 질문에 대한 답을 하다가 마음이 쓰라려 밥맛이 떨어졌다. 예의상 수저를 들고 있었지만 더 이상 밥이 넘어가지 않았다. 한 끼를 베푸신 호의보다 궁금증을 해결하려고 만든 자리 같아서 맥이 빠지고 속이 거북했다.

아주머니께는 퍼즐을 완성하기 위해 한 조각이 부족했던 모양이다. 궁금한 퍼즐 한 조각을 맞춰드리면 이야기가 완성되어 언젠가 올무로 되돌아올 것 같은 예감이 들었다. 사실 식사 자리에서는 다양한 대화가 자연스럽게 오간다. 그런데 의도적으로 질문을 가지고 식사 자리를 마련한 것은 호의가 아니라 이용에 가깝다.

당신도 비슷한 경험을 했다면 무언가 떠오를 것이다.

우리가 행하는 다양한 호의 중에서 부차적인 의도를 가지고 행해지는 일들이 있다. 이것들은 모두 위선이다. 호의에는 어떠한 속셈이 없어야 한다. 그래야 아름답게 기억된다. 봉사도 마찬가지다. 활동 기록을 SNS에 올리는 순간 자신의 수고를 드러내는 것이다. 섬김은 그 자체가 전부여야 한다.

기대했던 바와 전혀 다를 때 기운 빠지는 경우가 생긴다.

몸에 기운이 빠져나가 빈사지경에까지 이르는 무기력한 상태를 '맥 빠졌다'라고 말한다. 이 상황이 사람을 위축시키고 기지개를 켜지 못하게 만든다. 이럴 때는 허탈한 마음을 빨리 털어내야 한다. 사람은 어려움을 딛고 다시 설 때 특별히 더 아름답다. 내가 먼저 누군가를 맥 빠지게 만들지 않도록 스스로의 언행을 살피는 노력이 아름다움을 머금은 삶이라 믿는다.

9

가볍게 던진 말

확 잘라버릴까!

어떤 이는 너무도 쉽게 해고를 말한다. 삶의 중대 사항을 가볍게 토해내는 것은 문제다. 해고는 해당 직원 가족의 생계에도 영향을 끼치기에 해고로 인해 받게 될 고통을 상상한다면 결코 가볍게 할 말은 아니다. 당장 결정해야 할 긴박한 상황이 아니라면 신중하게 입에 담을 말이다. 더욱 해고를 결정할 권한이 없는 사람이라면 삼가야 할 말이다. 동료들이 자신의 해고를 함부로 말한다면 어떨지 돌아보아야 한다.

확 때려치울까!

누군가는 너무도 쉽게 중단을 말한다.

때려치우려는 것은 사람에 따라 다를 것이다. 그중에서 퇴직을 말한다면 가볍게 할 말은 아니다. 특히 가장이라면 가정에서의 위치와 책임을 생각할 때 아무리 스트레스를 받았다고 해도 쉽게 해서는 안 되는 말이다.

우리는 지금의 일이나 미래를 위한 도전이 힘에 부칠 때 하루에도 수십 번 다른 생각을 하게 된다. 하지만 마음속에서 삭히고 토해내지 않는다면 고달픔을 이겨낼 동력이 커진다. 참고 이겨내면 인내의 결과는 기쁨으로 다가올 것이다.

확 끊어버릴까!

학원을 옮길 때 학생들이 자주 하는 말이다.

조금 싫증 나면 아주 쉽게 그만둔다. 삶 가운데 포기도 빠르고 새로운 결정 역시 빠르다. 어쩌면 어른이 돼서도 해야 할 일을 포기하는 배경은 학창 시절의 모습에서 기인하는 지도 모른다. 어른이 되었다고 해서 쉽게 포기하지 않는 근성이 갑자기 생기지는 않는다. 확 끊어버리고 싶을 때 감정에 따르지 않도록 주의해야 한다.

우리 그만 헤어져!

이 한마디를 던지고 연락을 끊으면 세상의 시간이 멈춰버린 듯하다.

일방적으로 당하는 입장에서는 가슴이 쓰라릴 수밖에 없다. 왜 헤어져야 하는지 이유도 듣지 못하고 버림받은 심정이 얼마나 비참한지 상대는 알까? 똑같이 당해봐야 상처의 고통이 얼마나 쓰라린 지 배울 것이다. 이별도 상대를 배려할 줄 알아야 한다.

우리 당장 이혼하자!

"너와는 하루를 더 못 살겠다."

"우리는 너무 안 맞아!"

부모가 이런 말을 한다면, 어린 자녀들도 눈에 보이지 않는 이기적인 생각이다. 이혼한 부모의 자녀는 마치 자신이 죄인인 것처럼 한동안 기죽어 살아간다. 부모로서 자녀에 대한 책임감을 생각하면 적어도 자녀가 홀로서기까지는 곁에 있어주어야 한다. 그때까지 부모로서 버티다 보면 부부간에도 새로운 시간이 올 것이다. 도저히 용납이 안 되는 일들도 이해하려고 노력하면 갈등이 줄어든다. 그러니 지금의 마음으로 쉽게 말하면 안 된다. 이 말은 엄청난 상처를 남기기에 신중에 신중을 거듭해야 한다.

죽고 싶다!

"이제 모든 것을 끝내고 싶다!"

가끔은 생명의 마감을 너무 쉽게 말한다. 아무리 힘든 고통 가운데 놓였더라도 이 또한 지나간다. 해결 방법을 가지고 이겨낸 것이 아니라 하루하루를 버티다 보니 자연스럽게 넘어간다. 참고 버티는 것도 실력이다. 우리는 최소한 죽음의 선택만큼은 스스로에게 없어야 한다는 점을 강조한다. 이 말은 아무리 강조해도 지나치지 않다고 생각한다.

가볍게 던진 말 때문에 손해를 경험한 적이 있는가?

이 질문에 할 말이 많다면 문제가 있는 것이다.

가볍게 했던 말로 어느 날 갑자기 처참함에 놓인다면 그때는 경솔했던 언어를 돌아볼 것이다. 가령 수많은 업적과 공헌으로 존경받을 만한 삶이었더라도 한 번의 말실수로 인해 삶이 송두리째 흔들리는 수렁에 빠져들게 된다. 게다가 미디어는 공인의 결정적인 실수를 흥미롭게 다룬다. 결국 그는 말실수로 인해 인격에 치명상을 입고 회복하지 못하게 된다.

이처럼 그동안 행해왔던 공헌들이 말 한마디 때문에 무시된다면 자신은 물론 사회에 얼마나 손해란 말인가! 이렇게 인성을 초라하게 만드는 끔찍한 경험을 하지 않으려면 불필요한 말을 입에서 토해내지 않도록 절제해야 한다. 빠르게 던져야 하는 말의 싹은 감정일 뿐이다. 그래서 터져 나오는 말을 거두어들이기란 결코 쉽지 않다. 이때 하려던 말을 멈추고 "아니요, 다음번에⁶⁾ 하겠습니다"라고 말한다면 분명 좋은 결과가 있을 것이다.

---

6) "말이 많으면 허물을 면하기 어려우나 그 입술을 제어하는 자는 지혜가 있느니라"(잠 10:19)

10

무심코 하는 말

"청기언야 관기모자 인언수재 인불언귀부지."

아버지께서 약주를 거하게 드신 날이면 습관적으로 하시던 말씀이다. 하도 들어서 지금도 입에서 중얼거릴 때가 있다. 그때는 너무 듣기 싫었는데….

『청기언야(聽其言也) 그 사람의 말을 들으며, 관기모자(觀其眸子) 그의 눈동자를 본다면, 인언수재(人焉廋哉) 어찌 사람이 마음을 숨길 수 있겠는가! 인불언귀부지(人不言鬼不知) 자신의 생각을 말하지 않으면 귀신도 알지 못한다.』 이를 재해석하면 '상대가 말할 때 눈동자를 놓치지 않으면 진심을 느낄 수 있다'는 뜻으로 즉 눈동자에 진실이 담겨있다는 교훈이다. 또한 '마음에 품은 생각을 말하지 않으면 남들이 알 리가 없으니 필요한 것을 얻으려면 입을 열어야 한다'는 뜻이다.

아버지께서 자주하셨던 말인데 주로 한자음으로만 말씀하셔서 당시는 뜻풀이를 몰랐다. 한자의 의미를 알고 나서는 '아버지께서 사기를 당하셨나?'라는 의문까지 들었다. 그런데 배우지 못한 서러움의 한탄이셨다. 아버지는 친어머니를 일찍 여의고 새어머니를 맞이하면서 배움의 중단과 함께 노동을 시작하셨는데 마지막 수업에서 배운 이 구절을 잊지 못하시고 약주를 거하게 드신 날이면 서러움에 한(恨)을 풀어내신 것이다. 아버지는 배우지 못한 서러움을 간직하셨지만 자식에게 어떻게 길을 열어주어야 하는지 그 방법을 모르셨다. 당신이 경험하지 못했기에 그러셨을 것이다.

나도 아버지가 되어 잘해보려 노력하지만 결코 만만치 않았다.

길을 제시하고 인도한다는 것이 결코 쉽지 않다. 나는 아버지로서 어떤 말을 자주 하는지 궁금했다. 당시 열두 살인 둘째에게 "아빠가 평소에 어떤 말을 자주 하니?"라고 물으니 엄지손가락을 추켜세우며 "최고!라는 말을 자주 들어서 좋아"라고 답했다. 순간 '정말 다행이다' 싶었다. 아버지로서 내가 전한 긍정적인 메시지가 자녀에게 심겨져 기뻤다. 사실 그 말은 평소에 내가 가장 듣고 싶었던 말이다. 그래서 나는 엄지척을 자주 내민다.

둘째는 기회를 포착한 듯 평소 서운했던 감정까지 곧바로 말했다. 얼마 전, 내가 하다가 끝내지 못한 비데 설치를 둘째가 하다가 밸브를 파손시킨 일이 있다. 이때 내게 야단맞았던 일이 억울했던 모양이었다. "아빠가 미안해"라고 벌써 수십 번이나 사과했지만 아이 입장에서는 쉽게 잊히지 않는 모양이다. 칭찬보다 비난의 파급효과가 훨씬 강력했다. 다음날 기사님이 방문해 설치해 주신다고 내버려 두라고 했음에도 불구하고 밸브를 파손했기에 나도 모르게 해서는 안 되는 말을 했다.

"빙신[7]."

어릴 때 들었던 이 말이 어딘가 내 몸에 숨어있다가 감정이 폭발한 순간에 튀어나왔다. 나는 순식간에 언어폭력을 가했고 곧바로 후회했다. 비록 한 번의 폭언이라도 부정적인 메시지의 영향력은 컸다. 그래서 평소 아버지가 하는 말이 중요하다. 아버지는 자녀에게 좋은 영향력을 심는지, 또는 상처를 주는지, 무심코 어떤 말을 하는지 진단해야 한다. 자신이 무심코 던진 말에 가족이나 동료들이 비슷한 반응을 보인다면 자신도 모르게 무심코 하는 부정적인 말이 있다는 것이다.

---

7) "한 입에서 찬송과 저주가 나오는도다 내 형제들아 이것이 마땅하지 아니하니라"(약 3:10)

무심코 하는 말에는 은연중에 자신의 신념이 표현된다.

가령 뉴스를 보다가 숨기지 못하는 생각과 철학이 담긴 말이 툭 튀어나온다.

"저런 빨갱이들…"

이렇게 편향적인 생각은 거부감을 유발해 자신의 신념을 여과 없이 쏟아낸다.

무심코 하는 말에는 자신의 인성이 배어있다.

각본을 준비해서 전하는 말에는 실수가 없다. 그러나 무심코 하는 말에는 정제되지 않은 자신의 인격이 고스란히 드러나기에 조심해야 한다. 혹시라도 저급한 표현이 나오면 딱 그 수준이 되고 만다.

무심코 하는 말은 생활 습관을 보여준다.

입술에 베어버린 말들이 일상을 증거한다. 습관은 특정한 행동과 함께 고정된 언어 표현을 만든다. 그래서 습관적으로 하는 말이 무서운 것이다.

무심코 하는 말은 평온하지 않은 심리 상태에서 자주 나온다.

스트레스를 많이 받으면 부정적인 말을 즉흥적으로 쏟아내 주변 사람을 놀라게 한다. 평온할 때는 대부분 긍정적인 말을 하기에 극명한 차이가 있다. 그래서 무심코 하는 말을 더 신경 써야 한다. 그래야 삶이 달라진다.

무심코 하는 말을 멈추고 정제해서 내보내는 통제력이 자신을 발전시킨다. 결국 감정을 다스려야 말이 달라진다는 뜻이다. 술김에 용기를 얻건, 홧김에 이성을 잃건, 어떤 상황이건 말의 실수가 없어야 한다.

그렇다면 나는 어느 때 말실수를 할까?

자신을 통제해 말실수를 줄인다면 쓸데없이 인격을 떨어뜨리지 않을 것이며 당신의 언어는 인정받을 것이다.

"…이 모든 일에 욥이 입술로 범죄 하지 아니하니라"(욥기 2:10)

파수꾼의 공백

내 입에 파수꾼이 어디 갔을까?

아주 순식간에 말을 해버렸다.

'그 말은 참을걸…'

'말해서 당신의 마음만 아프게 했지.'

'달라질 게 뭐가 있다고…'

앞으로 전개될 시나리오를 뻔히 알면서도 갈등 상황을 못 참고 말해버렸다. 후회해도 돌이킬 수 없다. 앞으로 어떻게 회복할 것인지를 고민해야 한다. 사실 하고 싶은 말을 예쁘게 다듬어 말해도 요구가 담긴 메시지에는 상대의 마음이 편할 수 없다. 더욱이 흥분 상태에서는 여과 없이 말이 쏟아져 나온다. 그렇게 엎질러진 물은 대부분 자기변명이나 요구사항을 담은 공격적인 언어들로 상대를 몰아붙인다. 모든 불만을 확 쏟아내면 속은 시원하지만 극히 짧은 시원함이다. 곧바로 미안한 마음이 가득하다.

홧김에 마구 쏘아붙였더라도 가족은 감정이 누그러지면 다시 용납한다.

한 겨울 송곳 같은 고드름이 날씨가 풀리면 녹아서 뭉툭해지는 것처럼 말이다. 고드름같이 뾰족한 감정이 가족의 포근함에 녹아 없어진다. 그때까지 불편하고 힘겹지만 가족의 사랑은 에스프레소보다 진한 풍미로 가슴을 적시고 따뜻하게 용납해 준다. 모든 것을 품어줄 수 있기에 가족이다.

그러나 타인에게는 어림도 없다. 일방적 수용은 거의 드물다. 내가 참지 않은 만큼 상대도 참지 않는다. 내가 버리면 상대도 버린다. 나이가 들수록 화해가 쉽지 않을 뿐만 아니라 새로운 사람들과 깊은 우정을 만들기도 쉽지 않다. 그래서 주변에 있는 사람들이 떠나가지 않도록 노력해야 한다. 언어로 인해 스스로의 삶이 앙상하게 되지 않도록 먼저 **"내 입에 파수꾼"**(시편 141:3)을 세워 상처를 주는 말을 하지 않도록 지키는 것이다.

특히 흥분했을 때 공백이 생기지 않도록 신경 써야 한다.

도저히 참을 수 없어 터져 나올 것 같은 말을 거꾸로 밀어

넣는 인내는 위대한 온유함이다. 격하게 따지고 싶은 표정이지만 크게 심호흡을 하며 할 말을 아끼는 모습을 보여준다면 상대 역시 언어의 수위를 조절할 것이다. 서로의 마음을 배려하려 노력함으로 감정이 조절된다.

수고해 놓고도 무익한 말로 말미암아 다 깎아먹고 때로는 조롱거리가 될 수도 있다. 그래서 언어는 나를 지키기도 하고 버리기도 한다. 하지만 나를 지키는 언어를 쓰고 있다면 결코 외롭지 않을 것이다.

12

아버지

나는 아버지보다 좋은 아버지일까?

아버지께서는 불만이나 속상한 일에도 전혀 내색하지 않으셨다. 그런데 그때는 몰랐다. 내가 아버지가 되어 자녀를 나무라다 보니 내 아버지는 어쩜 그렇게 인내하셨는지 존경스럽다. 그런데 소통의 인내도 함께 있었다. 아버지와 솔직한 감정을 공유했던 기억이 없다. 그래서인지 아버지가 되어보니 아버지의 생각을 알고 싶은 게 많아졌다.

좋은 아버지 역할은 무엇인가?

훌륭한 대답이 많겠지만 삶의 모범을 보이며 부자유친(父子有親) 관계를 유지하는 것이 중요하다고 생각했다. 친함은 일상적 대화를 넘어 슬픔, 외로움, 두려움, 고달픔 등의 정서적 감정을 솔직하게 나누는 단계라고 생각한다. 아버지에게 솔직한 감정을 숨기지 않는 자녀는 구김살 없이 성장할 것이다. 하지만 자녀가 사춘기가 되면 더 이상의 감정 공유는 없다. 이때는 친함이 잠시 떠나는 것 같다. 이때 자녀에게 감정적으로 대하면 삶의 본이 되지 않는다. 이럴 때는 어떻게 대처해야 할까?

돌아보니 아버지 역할에 관하여 보편적으로 가르치는 교육 과정이 없었다. 이것은 안타까운 현실이다. 나 역시 아버지가 되었지만 아버지 역할은 물론이고 갈등 상황에 대처하는 방법을 잘 몰라서 어려움을 초래하는 경우가 많았다.

나는 '부모로서 어떻게 책임을 다하고 있는가?'라는 어려운 질문에 몸소 부딪히며 살아간다. 부모의 책임은 어느 만큼이고 어느 정도 하면 된다고 정해진 것이 있으면 좋겠다. 그런 기준이 없어서 부모의 역할이 어려운 것 같다.

가끔은 가정의 비극을 줄이기 위한 국가 차원의 정책이 필요하다고 느낀다. 이것을 논의한다는 것이 웃프지만 고민하게 만드는 것이 현실이며 생각해 본 것이 있다. 혼인 신고부터 접근했다. 예를 들어 일정 기간 동안 예비부부학교 과정을 통해 규정 점수 이상을 수료해야 혼인 신고가 가능하도록 법으로 규정한다. 이는 남편과 아내의 책임과 역할을 배우고 어떻게 가정을 만들지 충분히 고민하며 준비하는 시간이다.

법정 결혼 휴가도 최소 2주까지 연장한다.

허니문은 부부로서 처음 일상을 시작하며 예비부부학교에서 배운 것을 맞추는 시간이다. 이렇게 시작된 결혼생활은 시작부터 다르지 않을까 생각한다.

임신 기간에 예비부모학교의 필요성도 느낀다.

이는 최소한으로 부모의 역할을 건강하게 감당하도록 도움을 주는 교육이다. 육아에 대한 현실적인 도움도 필요하지만 부모의 역할을 배우고 마음가짐을 준비하게 하는 목적도 있다. 그동안 무상으로 베풀던 혜택들도 예비부모학교 과정을 수료해야 제공되도록 참여를 유도한다.

결혼에서 육아 그리고 청소년 교육까지 가정에만 맡겨 두지 않고 국가 차원에서 제도적으로 평균이 되게 만드는 노력이 필요하다는 제안이다.

두란노아버지학교라는 프로그램이 있다.

참여를 한다면 남편과 아버지의 역할을 점검하는 유익한 시간이 될 것이다. 아버지학교는 어디든지 개설이 되어왔는데 한 번은 교도소 아버지학교에 스태프로 참여했다가 깨닫고 느낀 점이 컸다.

수감자들은 세 부류였다. 미혼자와 기혼자 그리고 이혼자다. 수감 전에 이혼했거나 수감 중에 이혼하기도 했다. 다행히 끝까지 참고 기다려주는 아내도 있었다. 수감자들 모두 가족을 그리워했고 출소하면 못다 한 남편과 아버지의 역할을 다하겠다는 강한 다짐을 말했다. 이혼한 남편에게는 마치 '소 잃고 외양간 고치는' 의미 없는 교육같이 보여도 한 사람이 변하면 놀라운 회복이 생긴다. 가정의 회복은 참으로 놀랍다.

가슴 아픈 사연이 소개되있다.

한 수감자는 수감 중에 이혼했는데 아내가 5살 된 아이를 버려서 연로하신 어머니가 돌보는 현실이 고통스럽다고 말했다. 한 수감자는 아버지와 함께한 추억이 전혀 없이 자랐는데 수감 이후 4살 된 자녀를 한 번도 본 적이 없어서 똑같은 아픔을 대물림하는 것 같아 가슴이 아프다고 했다. 다른 수감자는 자신이 수감되자 "아빠는 하늘나라 갔다"라며 아이에게 없는 존재로 만들어 버렸는데 출소하면 자식 앞에 설 수 있을까를 고민했다. 어느 할아버지 수감자는 자식이 면회를 올 때마다 손주를 데려와서 반갑지만 한편으로는 위신을 세우지 못한 부끄러운 모습을 보이는 것이 미안하다며 앞으로 떳떳한 할아버지로 살아가겠다고 고백했다.

수감자들은 가족이 면회를 오면 반갑지만 그것은 잠시이고 그 뒤로는 마음이 더욱 무겁다고 토로했다.

격리란 참으로 힘겨운 것이다.

일상을 마음대로 누리지 못하고 자유롭지 못하다는 것은 고달픈 일이다. 가족과 사회로부터의 차단은 견디기 힘든 일이다. 하지만 대부분의 수감자들은 밖에서 걱정하는 것보다 잘 견디고 있다고 말했다. 가장 낮은 곳에 있으니 비로써 가족의 소중함을 느낀다고도 말했다. 이제야 소중함을 알았는데 매일 내려놓는다고 말하는 수감자들의 마음이 살며시 느껴졌다. 가족이 원하는 대로 해주겠다는 의미겠지만 그 속에는 작은 희망이 자리 잡고 있었다.

아버지학교 스태프로 일을 돕고자 왔지만 배우는 시간이었다. 가족과 함께 있다는 차이점 외에 가족을 향한 간절함과 각오는 나를 돌아보게 만들었다. 이 시간을 통해 아버지는 끊임없이 배워야 하고 배운 것을 실천해야 한다는 것을 느꼈다. 그리고 항상 아내와 화목해야 하며, 이러한 노력이 자녀에게는 구김살 없이 자라는 자양분이 될 것임을 깨달았다.

아버지는 자녀에게 축복을 심어야 한다.

축복은 사랑의 언어로 자녀에게 칭찬과 격려를 하는 것이다. 이로써 자녀는 세상에서 당당하게 살아가는 힘을 얻는다. 아버지로서 권위만 우선한다면 소통이 막혀 자녀의 어려운 상황도 모를 수 있다. 아버지의 마음을 표현하지 않아도 자녀는 '대충 알고 있겠지'하는 믿음은 착각에 가깝다.

평소 아버지가 자녀에게 축복의 말을 하지 않는다면 저주를 심는 편에 가깝다. 저주를 받는 자녀는 긍정적 마인드를 갖는데 어려움을 겪는다. 그래서 야단을 치더라도 자녀를 사랑하는 마음까지 함께 전달해야 한다.

자녀를 돌봐야 하는 책임은 특별한 권한이자 무거운 사명이다. 자녀에 대한 분명한 기대만큼 평소 자녀를 위한 기도에 부족함을 느꼈다면 그만큼 은혜를 입은 것이라 믿는다. 나는 아버지로서 자녀를 향한 기도에 부족함을 느낄 때마다 시편 40편 11절 말씀을[8] 가지고 (내게서)와 (나를) 대신에 자녀 이름을 넣어서 기도한다.

자녀는 아버지께 배우는 게 많아야 한다.

이를 위해서 아버지는 삶으로 메시지를 전달해야 한다.

자녀는 아버지의 말보다 모습을 보며 닮아간다. 그래서 어느 순간 돌아보면 자녀의 말과 행동이 아버지를 닮아 있다. 만약 자녀에게 "너도 아버지처럼 살아라"라고 당당하게 말할 수 있다면 자녀는 그 모습을 닮아가려고 노력할 것이다. 다만 아버지를 신뢰하고 존경하는 바탕이 있어야 가능한 일이다. 그렇지 못하면 아버지의 외침은 그저 공허한 메아리일 뿐이다.

르호보암에게 아버지는 과연 어떠한 존재였을까?[9]

아버지의 훌륭한 모습만을 닮기 원했다면 잠언을 많이 참고했을 것이다. 그러니 아버지로서 감당해야 할 무게가 중하다. 자녀의 가슴에는 언제나 아버지의 삶이 흐르기 때문이다.

---

8) "여호와여 주의 긍휼을 (내게서) 거두지 마시고 주의 인자와 진리로 (나를) 항상 보호하소서"(시편 40:11)

9) "이에 이스라엘이 다윗의 집을 배반하여 오늘날까지 이르니라"(대하 10:19)

13

결혼식

결혼을 한 사람이라면
'결혼식 무대에 다시는 서지 않으리'라고 생각한다.

그만큼 결혼식은 힘든 경험이다.

나는 진행자로 다시 결혼식 무대에 서는 흥미로운 경험을 했다. 사회자의 역할이 정형화된 식순을 이어가는 형식적인 방식이라면, 진행자는 예식을 색다르게 기획한다. 이미 가정을 일구어 바쁘게 사셨던 부부의 특별한 결혼식을 형식적이지 않게 진행하려고 고민했다. 그런 노력이 빛을 발했는지 결혼식을 마친 후 많은 감사 인사를 받았다. 내게 있어 허점 투성이었던 지난 시간을 돌아보는 계기도 되었다.

결혼식의 주인공으로 그 무대에 서기까지 아련한 기억을 더듬어 보면 그때는 비본질적인 준비에 에너지를 쏟았다. 결혼식 당일 행사를 위한 불필요한 낭비가 많았고 결혼생활에 필요한 준비는 빈약했다. 특히 남편에 대한 역할 준비가 없었다. 때문에 마찰은 예견된 수순이었다. 다시 한다면 잘할 것 같은데 겪고 나서 알게 되니 안타까울 뿐이다.

살면서 많은 결혼식에 참석해 축하를 전했다.

그중에서 기억나는 예식은 과외 선생님이었던 아내가 중학교 1학년까지 4년간 가르친 제자의 결혼식이었다. 그런 꼬마가 인생의 동반자를 만나 신부가 되다니…. 우리는 설레는 마음으로 참석했다. 아내는 아름다운 신부의 모습을 보자 눈물 흘리며 감회가 새롭다고 말했다. 제자의 성장 과정을 함께 해왔기에 적절한 표현이었다. 아내의 관심은 신랑이었고 그는 외모가 준수했다.

이 결혼식이 특별함으로 기억되는 이유는 특별 순서에 신랑과 신부가 앞으로의 다짐과 비전을 말했고 들어보니 허황된 포부가 아닌 솔직한 각오와 미래의 목표가 담겨있었다. 그리고 두 사람은 부부로서 함께 꿈꾸는 비전도 말했다.

서로 같은 방향을 바라보면서 에너지를 모으는 부부의 모습을 보면서 2002년 나의 결혼식이 떠올랐다. 그때는 결혼에 들떠 친구들과 먹고 마시는데 분주했다. 그런데 오늘 결혼하는 부부의 모습은 달랐다. 결혼을 잘 준비한 부부에게 응원의 축복들이 저절로 흘러나왔다.

가나 혼인잔치에서 베풀어 주셨던 기적의[10] 축복이 제자의 가정에 동일하게 함께하여 시온의 대로가 열리고 메말랐던 반석에서 샘물이 나는 은혜로 부부의 소중한 꿈들이 풍성한 열매로 가득하기를 기도했다.

결혼은 인생의 중요한 결정이며 삶의 변화를 이끈다.

그래서 보통 결혼을 결정하고도 주례 앞에 서기까지 결코 순조롭지 않은 과정을 겪는다. 청첩장을 돌리고도 불안함이 가슴 한편에 있다. 그래서 부부에게 결혼은 소중한 날이다. 부부는 서로의 인생에서 정답을 찾아 최선의 선택을 했다. 이제는 최고의 선택을 했음을 행복으로 보여줄 차례다. 비록 주례 앞까지는 따로 입장했지만 혼인 서약을 마치면 함께 행진한다. 이제부터는 혼자주의를 버려야 한다. 나그네 인생길에서 동반자로서 하나가 되어 서로 아끼고 사랑하며 세상에 유익을 주는 가정을 만들어야 한다.

분명 이렇게 다짐을 했건만 삐걱거리는 과정을 겪게 된다.

나와 다른 매력에 끌려 결혼했는데 이후로는 같은 매력이 되길 원하기 때문이다. 하지만 서로 다른 매력의 연합은 마치 커피처럼 조화롭다.

---

10) "연회장은 물로 된 포도주를 맛보고도 어디서 났는지 알지 못하되 물 떠온 하인들은 알더라…" (요 2:9)

커피가 탄생되는 과정은 먼저 농부가 나무에서 커피 체리를 수확한 후 껍질을 벗겨 세척한 뒤 건조하면 생두가 된다. 생두를 로스팅 하면 원두가 되는데 온도와 시간에 따라서 맛이 달라진다. 오래 볶아낸 프렌치 원두도 산지에 따라 맛과 풍미가 다르다. 그래서 산지가 다른 종류의 생두를 서로 다른 강도로 로스팅 해서 적정한 비율로 섞는 블렌딩을 거쳐야 향이 깊고 풍부한 커피 레시피가 된다. 이 과정을 거친 후 바리스타는 맛있는 커피를 내린다.

결혼 전의 남성과 여성은 산지와 로스팅 정도가 다른 원두와도 같다. 결혼이라는 블렌딩을 통해서 서로 다른 매력이 아름다운 조화를 이루어 멋진 향기를 낸다. 그래서 부부는 윙크를 자주 해야 한다. 나와 다른 향기에[11] 한쪽 눈을 감으면 식구(House band)에서 가장 따듯한 내 편(Husband)이 되어 서로는 블렌딩의 깊은 맛에 빠져든다. 한결같은 커피 맛을 유지하기 위해 꾸준히 노력하는 것처럼 부부의 블렌딩도 변하지 않도록 중심을 지키는 것이 핵심이다.

우리 부부는 여전히 깊은 풍미를 내고 있는가?

이 질문이 결혼생활을 돌아보는 계기가 되어 삐걱거리던 갈등이 해소되고 맛있는 블렌딩이 되기를 응원한다.

---

11) "…불만이 있거든 서로 용납하여 피차 용서하되 주께서 너희를 용서하신 것 같이 너희도 그리하고"(골 3:13)

14

미니멀 라이프

우리 가족은 미니멀 라이프를 계획했다.

이사를 앞두기도 했지만 불필요한 소비를 줄이고자 하는 마음에서였다.

우선 미니멀 라이프에 걸맞는 환경으로 탈바꿈시키기 위해 현재 불필요한 물품을 정리했는데 아이들 것부터 시작했다.

자녀가 태어나 성장하기까지 부모의 손길은 항상 분주하다. 그 수고만큼 자녀를 위해 많은 물품을 구입했다. 어느덧 중학생으로 성장한 아이에게 필요 없는 물품까지도 버리지 않고 보관했더니 집안에 한가득이다. 거기에 중학생에게 필요한 물품까지 더해지니 방안은 항상 어수선했다. 성장한 아이들이 더 이상 사용하지 않는 물품과 작아서 못 입는 옷가지들을 정리했다. 진작 버릴 수 있었지만 아이들이 찾을 것 같은 미련 때문에 간직했다.

정리를 하고 보니 버릴 물건들이 정말 많았다.

아이들에게 버릴 물건을 일일이 보여주고 동의를 받았다. 이로써 꼭 필요한 물건들만 남으니 방안 풍경이 심플하게 변했다. 그동안 자녀방을 치워도 얼마 안 가 다시 지저분했는데 물품들을 정리한 후로는 깨끗이 사용했다. 정돈된 환경에서 집중력이 향상된다고 하니 학습 공간을 정리한 것은 잘한 일이다.

우리 부부는 아이들의 물품을 버리면서 욕심도 함께 버렸다.

그동안 아이에게 좋다는 것은 이것저것 많이 사 왔다. 가르쳐 보려던 욕심만 과했을 뿐 사용하지 않은 학습교구들을 보며 "이게 다 얼마야!"라며 아까운 마음이 들었다. 구입하느라 돈 쓰고 정리하느라 힘쓰고 이제는 버리는 비용까지 내야 하니 총체적인 낭비였다.

아이들 방 정리 후에 나머지 공간들도 정리를 했다. 운동기구같이 사용 빈도는 매우 드문데 공간을 많이 차지하는 물품들을 폐기 처분 일순위로 정했다. 그리고 수납공간에 고이 잠들어 있는 물품들도 몽땅 꺼내 다시 선별하고 보관할 물품은 품목별로 깔끔하게 정리했다. 한동안 사용하지 않았고 앞으로도 사용하지 않을 것 같은 물건들은 무조건 버렸다. 반면에 가족의 추억이 깃든 애착 있는 물건들은 따로 챙겨 보관했다.

계절이 서너 번 바뀌는 동안 한 번도 입지 않았고 이듬해 역시 입지 않을 것 같은 옷가지들도 추렸다. 이렇게 버려야 할 물품들을 모으니 제법 많았다. 그중에서 쓸 만한 물품은 모아서 이웃에게 나누고 남는 것은 재활용업체에 판매했다.

물품 정리를 하며 공간 배치를 고려했다.

생활공간에 가전, 가구, 다양한 살림을 적절하게 배치할 때는 편리성과 주택 구조를 고려해야 한다. 가족이 공동으로 사용하는 물품은 팬트리같이 모두가 편리하게 사용 가능한 위치에 두었다. 가전제품 역시 사용하기 편한 위치에 놓았다.

가구는 안정감을 주기 위해 큰 것부터 작은 것 순으로 배치했다. 또한 주택 구조에 맞춰 공간을 최대한 많이 만드는 방법으로 배치했다. 창은 가리지 않고 그대로 두어 채광과 조망을 유지했다. 서재나 드레스 룸으로 쓰고자 하는 방은 크기가 작고 채광이 가장 부족한 방을 선택하면 좋을 것이다.

이제는 정리 정돈 순서로 아이디어가 필요했다.

수납장에 여러 가지 물건을 함께 넣어 보관하면 필요한 것을 찾는데 시간이 오래 걸린다. 그리고 사용한 후에는 다시 수납장에 넣지 않고 식탁과 주방에 꺼내 놓게 된다. 이러면 집안이 무척 어수선해진다. 다시 치운다며 수납장 안으로 여러 가지를 마구 집어넣으면 다음번에 찾을 때 다시 시간이 걸린다. 그러다 결국에는 뒤죽박죽이 되는 악순환이 반복된다.

이러한 경험이 있으신 분은 수납의 체계화를 통해 물건을 제자리에 두는 습관이 필요하다고 생각한다. 수납 바구니를 활용해 최대한 비슷한 종류별로 담는다. 수납장 안에는 수납 바구니를 배치하고 수납 바구니를 꺼내면 담긴 물건을 쉽게 확인할 수 있도록 한다. 집안의 모든 수납공간에 수납 바구니를 활용해 정리한다.

미니멀 라이프의 연장선상에서 냉파도 진행했다.

'냉파'(냉장고 파먹기)는 허리띠를 졸라매야 할 때도 필요하지만 이사를 앞두고 도전했다. 불평을 차단하기 위해 냉파를 시작하기 전에 가족의 동의를 받았다. 그리고 냉장고에 고이 보관하던 식재료를 꺼내 식사를 준비했다. 냉장고가 어느 정도 채워져 있다면 상당한 양의 식사량을 비축하고 있는 것이다. 이 중에는 포장을 뜯지도 않은 채 유통기한이 지난 식재료도 있어 이것을 버리고도 한동안 가족의 식사가 준비될 만큼이 냉장고 안에 있었다.

냉파에 성공하면 음식물 관리의 지혜가 생긴다. 냉장고에 공간이 생기니 사용해야 할 식재료가 보여 버리는 것이 줄어든다. 이때 경제적 효과는 카드 내역으로 파악할 수 있다.

정리 정돈을 마치니 70% 이상의 공간이
여백으로 재탄생해 집안이 쾌적해졌다.

이 여백을 계속 유지할지 또는 새로운 것으로 채워갈지는 살아봐야 알겠지만 어찌 됐든 미니멀 라이프를 위한 준비를 마쳤다.

미니멀 라이프 철학은 검소한 생활 방식이다. 생활에 꼭 필요한 것만을 가지고 살아가는 원칙으로 물건을 구매할 때 필요성을 면밀히 따져서 결정하기에 합리적인 소비를 할 수 있다. 일년에 한두 번 사용하는 물건이라면 구매보다는 대여하는 방법을 선택한다.

미니멀 라이프를 추구하면서 아이들에게 검소한 생활과 합리적인 소비를 통한 생활의 본을 심어주었다. 무작정 안 쓰고 아끼는 것이 아니라 불필요한 소비를 줄여 조금씩 모으면 꼭 필요한 것을 가질 수 있음을 보여주었다.

부족한 것은 구입하지만 웬만하면 있는 것을 잘 활용하는 것이 우리 가족의 미니멀 라이프다. 이를 위해서는 미니멀 라이프가 가능한 환경으로 준비되어 있어야 효과가 나타난다는 것을 경험했다.

우리 가족의 미니멀 라이프는
두 번의 이사를 통해 정착되었다.

이사는 정리하고 버리고 구입하고 지불하고 알아보고 변경하고 신청하고 이별하고 적용하고…, 전 과정에서 할 일이 많다.

크기가 비슷하거나 더 넓은 집으로 이사할 때는 비교적 짐 정리가 쉽다. 반면 현재보다 작은 집으로 이사할 때는 상황이 좀 어려워진다. 특히 현재에 비해 반 정도 작은 집으로 이사를 가려면 확실한 사전 준비가 필요하다.

이때는 불필요한 물건을 미리 버려서 짐을 반으로 줄여야 한다.

나는 이런 집으로 이사하던 날의 경험이 생생하다. 이삿짐 센터 직원은 가져온 짐을 어디에 풀어야 할지 재촉하는데 생각한 대로 배치가 안돼서 곤란했다. 짐을 모두 들여놓았을 때는 생활 공간이 짐으로 가득해 혼란스러웠다.

사실 반 정도로 줄어든 집으로 이사를 결정했을 때 불필요한 짐을 모두 버렸고 집안 배치까지 계산했다. 그럼에도 막상 가져온 짐을 어디에 둘지 허둥거리며 당황했다. 갑자기 작아진 집에 적응하는 것은 곧바로 현실이 되었다.

이삿짐을 들이고 늦은 저녁에 배달 음식이 도착해 주방 바닥에 음식을 차렸는데 동그랗게 앉을 공간이 안되어 일렬로 앉아서 먹었다. 허기가 져서 음식이 마구 입으로 들어갔지만 머리는 앞으로의 생활에 대한 근심이 들어찼다. 거실 겸 안방에서 함께 지낼 둘째 아들의 시무룩한 표정을 보니 안쓰럽고 짠했다.

그날 밤, 오랫동안 알고 지낸 동네분들로부터 석별의 아쉬움을 전하는 문자 메시지가 계속 왔다. 그러자 아내는 눈물을 펑펑 흘렸고 나는 우는 아내를 보며 "미안해"라는 말밖에 할 수가 없었다. 아내는 집 때문에 우는 게 아니라고 했지만 작은 집으로 이사 온 날, 가족의 하루는 무척 혼란스러웠다. 그저 빨리 환경에 적응하길 간절히 바랐다.

주말에 한 시간을 운전해 예전 동네의 어귀에 이르니 마치 어머니 품에 안긴 것 같았다. 살던 아파트를 보는 것만으로도 좋았다. 시간이 흐를수록 그리움의 세기는 줄어들고 새로운 환경에 정이 들었다. 그리고 작은 집에서 저절로 미니멀 라이프가 실천되어 기틀이 잡혔다.

지난번의 교훈으로 다음번 이사할 때는 짐만 이동시키는 조건으로 계약했다. 그리고 가족의 취향에 맞춰 정리를 했다. 두 번의 이사로 자연스럽게 꼭 필요한 물품들만 추려졌다. 덕분에 전용 면적의 80% 이상을 여백으로 확보하게 되어 집안이 쾌적했다. 무엇보다 가족이 만족하니 가장으로 흐뭇했다.

지친 하루 일과를 마치고 동네에 이르면 장엄한 도심 풍경에 위로를 받는다. 거실에 앉아 창밖을 보다가 문득 여행을 온 것 같다는 생각을 했다. 그래서 지금 체크아웃을 하고 어디로 떠날지를 망설이는 상상을 해봤다.

이때 **"목숨을 위하여 무엇을 먹을까 무엇을 마실까 몸을 위하여 무엇을 입을까 염려하지 말라"**(마태복음 6:25)라는 성경 말씀이 떠올랐다. 이는 미니멀 라이프 철학과 연계되어 합리적 소비로 이어진다. 그런데 "어디서 살까?"는 다른 차원의 걱정이다. **"소돔과 고모라"**(베드로후서 2:6) 같은 환경에서는 그 문화에 젖어 들게 된다.

"어떻게 살 것인가?"라는 물음에 나는 '화목'을 떠올렸다.

화목한 가정을 일구는 것이 잘 사는 것이며 이를 위해 이사를 했으니 잘했다고 생각했다. 미니멀 라이프를 꽃피우는 정착을 이루었으니 지금까지는 만족이다. 그래서인지 추운 겨울을 보내고 봄을 맞이한 느낌이었다.

15

겨울을 지나 봄

요사이 끔찍하게 추웠다.

든든하게 채비를 하고 현관문을 나왔는데 세상이 온통 하얗다. 싸늘한 냉기만 가득한 대지에 포근한 솜 이불을 덮어준 것처럼 따듯해 보였다. 볼품없던 앙상한 나뭇가지에 눈꽃이 소담스럽게 피었다. 어둑한 사위에 순백의 아름다운 눈꽃이 피어 눈이 부셨다.

소복이 쌓인 눈을 가볍게 눈을 털어내고 운전을 시작했다. 헤드라이트 조명에 비추어진 눈 내리는 풍경은 넋을 잃을 만큼 황홀했다. 공중에 가득 펴진 눈꽃 송이들이 나풀나풀 춤을 추듯 다가와 전방 유리창에 사뿐히 내려앉고는 눈물을 흘렸다. 눈 내리는 날에만 경험할 수 있는 특별한 풍경이지만 핸들을 잡고 목적지까지 가는 동안에 긴장은 계속되었다.

가벼운 눈 알갱이는 손에 닿자마자 금세 녹아버린다.

그런데 차곡차곡 쌓이고 뭉쳐지면 성질이 바뀐다. 소복하게 쌓인 눈길을 걸을 때 들리는 "뽀드득" 소리가 좋지만 발자국이 쌓이면 빙판으로 변한다. 그래서 치우는 사람이 더 부지런히 움직여야 길을 걷는 사람들이 덜 고생한다.

휴일 아침 눈이 내린 것을 보고 아이들은 신이 나서 장갑을 끼고 밖으로 후다닥 달려나갔다. 눈을 뭉치고 던지며 겨울이 준 선물을 만끽했다. 창가에서 아이들의 노는 모습을 지켜보다가 어린 시절의 추억이 생각나 슬그머니 아이들 틈에 끼어들었다. 커다란 눈사람을 만들어 아이들을 기쁘게 해주고 싶었다. 그런데 이상하게도 눈이 뭉쳐지지 않았다. 허깨비 눈처럼 푸슬푸슬 으스러져버리기에 눈사람 만들기를 포기하고 아이들과 함께 눈싸움하며 놀았다.

얼마 지나지 않아 함박눈이 내렸다.

이번 눈은 잘 뭉쳐졌다. 눈사람의 동그라미 몸집이 금세 커졌다. 큼직한 눈사람의 몸통을 더 이상 굴리기 버거워 멈춘 그곳이 눈사람이 서있을 자리가 되었다. 나는 아이들이 동그랗게 굴린 눈덩이를 큼직한 몸통 위에 올려놓았다. 아이들이 들기에는 무거울 만큼 큰 얼굴이 만들어졌다. 눈덩이를 들어주는 것으로 도움을 마치고 슬그머니 뒤로 빠졌다. 나머지 꾸미는 것은 아이들에게 맡겼다.

내 몫을 다하고 나자 갑자기 추위가 몰려왔다.

아이들을 남겨두고 혼자 집으로 들어왔다. 양말이 축축할 때까지 눈 위에서 놀아도 춥지 않았던 어린 시절이 생각났다. 그때는 뭐가 그리 신이 났는지 추운 줄도 몰랐었다.

온몸이 꽁꽁 얼어 집으로 들어오니 때마침 주전자에서 "엥~" 소리가 들렸다. 그 소리가 무척이나 반가웠다. 아내가 따라준 따뜻한 보리차 한 잔에 온몸이 녹았다. 그리고 얼마 전의 외출이 생각났다. 추위에 마비된 온몸을 녹이려 카페로 들어가 뜨거운 아메리카노 한 모금을 "호로록" 삼키며 감사했던 기억이 떠올랐다. 추위를 녹이고 나서는 아내에게 눈사람 만든 이야기를 자랑처럼 풀어놓았다. 얼마 후 창밖을 보니 아이들은 세 개의 작은 눈사람을 더 만들어 큰 눈사람 옆에 나란히 놓았다. 마치 한 가족 같았다. 눈사람 가족을 보니 마음이 따뜻해졌다.

겨울 풍경의 따뜻한 느낌이 참 좋았다.

꽁꽁 얼어붙은 추위 속에서도 "사랑해, 힘내, 최고"와 같은 말 한마디에 마음이 따뜻해진다. 무엇보다 주위를 챙기는 관심은 추위를 녹이는 따뜻한 에너지가 된다. 그런 면에서 구세군의 종소리는 사회적 약자를 돌아보는 관심이기에 볼 때마다 반갑다. 우리들의 작은 관심과 행복을 전하는 언어가 겨울을 더욱 훈훈하게 만든다. 이렇게 추운 겨울을 이겨내면 따뜻한 봄이 다가온다.

장난꾸러기 같은 꽃샘추위가 계속 되어도 봄이 오는 것을 막을 수는 없다.

겨우내 얼었던 개울물이 녹아 경쾌한 시냇물 소리가 들린다. 버들강아지에 새움이 돋아날 때면 개울은 생명을 준비하는 움직임으로 바빠진다. 그러면 봄꽃 역시 만발한다. 개나리, 진달래, 목련, 벚꽃 등이 화사하게 피어 도심은 활력으로 넘쳐난다. 솔솔 부는 봄바람을 맞으며 가족의 야외 활동도 시작된다. 자녀들과 함께 밖에서 뛰놀며 친밀감도 쌓이고 추억까지 깊어진다.

두꺼운 옷들을 정리하다가 겨우내 운동하지 못해 외투 속에 가려 두었던 뱃살이 신경 쓰여 다이어트를 결심했다.

그런데 문제가 생겼다.

입맛이 살아난 것이다. 봄에 제철인 다양한 봄나물과 채소로 인해 식탁이 풍성해져 입맛이 살아났다. 싱싱한 봄맛을 어떻게 거부할 수 있을까. 그래서 나는 다이어트와 한바탕 진통을 겪었다.

이렇듯 봄은 매력적이다.

봄이 주는 에너지만으로도 열심히 뛸 수 있는 힘이 솟는다. 봄의 생기는 마술과도 같은 모양이다. 나는 이런 것들을 꿈꿀 수 있는 봄이 좋다. 그리고 봄의 변화들이 사랑스럽다. 봄이 오면 추운 겨울을 이겨낸 보람이 설렘으로 다가오지만 겨울이나 봄이나 모두 매력적이다. 문득 '이렇게 매력적인 계절을 살고 있는 나는 매력적인가?'라는 생각을 한다.

16

매력

손해 볼 줄 아는 사람에게 인간적인 매력을 느낀다.

그들은 눈앞의 이익에 얍삽하게 움직이지 않는다.

반면 인색한 사람은 작은 손해도 입지 않으려고 눈앞의 계산에 집착한다. 그럴수록 시야가 좁아져 그토록 원했던 것들이 가까이 있어도 못 보고 지나친다. 인색한 놀부 마인드는 인생에 도움이 되지 않는다. 인간은 마음 씀씀이에 따라서 인생이 달라진다. 설사 내키지 않는 일이라도 솔선수범하고 베풀고자 지갑을 꺼내 섬긴다면 평생 손해만 보는 인생으로 놔두지 않는다. 넉넉한 인정이 지경을 확장하게 한다.

표나지 않게 조용히 돈 쓰는 사람에게 매력을 느낀다.

요즘은 더치페이가 자리를 잡아 자신의 몫을 감당하는 태도가 당연시된다. 그런데 여럿이 식사하는 자리에서 본인이 좋아하는 메뉴를 맘껏 주문하고는 정작 계산할 때 똑같은 값을 치르려는 얌체족들이 가끔 있다. 이런 태도는 함께한 사람들에게 거북한 평판을 심을 것이다. 이는 밥값보다 손해라는 사실을 알아야 한다.

돈을 덜 쓰려고 표를 내면 관계도 표시가 난다.

반면 돈이 많으면 돈으로 사람을 장악하려 한다.

생색을 내며 계산하는 거만한 태도를 경험하면 왠지 돈에 매수당한 기분이 들어 불쾌해진다. 조용히 계산하는 겸손은 대접받는 기분이 들어 고마운 마음이 생긴다. 겸손함으로 남을 대접한 사람은 살면서 더욱 융성한 대접을 받을 것이다.[12]

정의를[13] 실천하려 애쓰는 사람에게 매력을 느낀다.

그들은 공동체나 사회가 필요로 하는 역할을 주도적으로 감당한다. 또한 사회적 약자에 대한 배려심이 강해 도와주려 노력한다. 이익만 바라며 얍삽하게 달려들지 않고 함께 짊어진 무게에 대해 나 몰라라 발뺌하지 않는다. 때문에 정의를 실천하려 애쓰는 사람들은 결코 외롭지 않은 인생을 누릴 것이다.

---

12) "남에게 대접을 받고자 하는 대로 너희도 남을 대접하라"(눅 6:31)
13) "정의를 행하는 것이 의인에게는 즐거움이요 죄인에게는 패망이니라"(잠 21:15)

이해심이 많은 사람에게 매력을 느낀다.

그들은 상대의 마음을 살피고 이해하는 능력이 탁월하다.

때로는 침체된 상황까지도 반전시켜 분위기를 좋게 띄운다. 대립 상황에서도 자신의 생각만 주장하지 않고 상대의 의견을 듣고 고민한다. 결국 모두가 불만을 갖지 않도록 갈등을 중재하고 때로는 자신의 의견까지 양보하는 배려가 넘치니 모두가 좋아한다.

반면 대립 상황에서 자기 의견이 수용되지 않으면 무조건 토라지는 사람도 있다. 거기에 '뒤끝 작렬'같은 앙금을 드러내며 계속해서 갈등을 만든다. 타인의 입장은 안중에도 없고 오로지 자신만 생각한다. 타인에게 둔감한 센스는 어떠한 상황에서도 바뀌지 않는다.

따스함이 넘치는 사람에게 매력을 느낀다.

그들은 마치 온정을 품고 있다가 나누어 주듯 정겹다.

위선이 아닌 솔직한 마음은 타인에게 그대로 전해진다. 그들을 만나면 가슴이 따뜻하게 열린다. 그래서 또 만나고 싶고 관계를 계속 유지하고 싶어진다.

반면 매사에 차가운 사람이 있다. 잘한 일은 있는 그대로 칭찬해도 되는데 뭘 그리 딱딱하게 구는지…. 때로는 바늘로 찔러도 피 한 방울 안 나올 것 같은 느낌이다. 게다가 비관적 시선으로 매사에 불만을 토로하며 남의 험담을 많이 한다. 그들은 칭찬하는 말과는 코드가 맞지 않는 것 같다.

유머가 넘치는 사람에게 매력을 느낀다.

적절한 타이밍에 던져진 유머는 분위기를 반전시켜 모두에게 활력을 불어넣는다. 반응은 "또 아재 개그야"라고 하지만 실상은 즐겁다. 나는 유머가 넘치는 사람이 좋고 또 유머에 반응하여 활짝 웃는 모습이 너무 보기 좋다.

반면 웃음을 억지로 참는 모습은 안쓰럽게 보인다.

나이 들수록 웃음보다 한숨이 많아지는 것 같다.

그래서인지 유머를 잃지 않는 사람을 보면 매력적이라는 생각이 든다.

유머는 자신은 물론 주변의 모든 사람들을 행복하게 만든다. 사실 사람들에게 유머를 전하려면 머릿속은 그야말로 분주하다. 생각하는 것만큼 두뇌를 쓰기 때문이다. 그래서 나이 들수록 유머를 잃지 말아야 한다.

진솔한 사람에게 매력을 느낀다.

언어의 표현이 진지하든, 가볍든, 무겁든… 어떠하든지 그 속에 진실이 담겨 있다면 통한다. 하지만 진지한 태도에 솔직하지 못한 위선이 담겨있다면 사기로 느껴질 것이다.

허세가 심한 사람은 지키지도 못할 공수표를 익숙하게 날린다. 그러나 몇 번의 경험을 하고 나면 그의 말은 더 이상 진지하게 들리지 않는다. 누구나 합리적 기대를 갖고 있기에 행함이 없으면[14] 그저 가볍게 들린다. 하지만 그는 주변의 시선에도 아랑곳하지 않고 여전히 말을 장악해 자신의 이야기를 펼친다.

내가 말할 때 상대가 진지하게 들어준다면 기분이 좋듯이 상대의 말에 집중하는 것도 실력이다. 하지만 그의 말에 호응해 주면 앞으로 그의 태도가 훤히 보인다. 또한 자신의 해묵은 주장이 다수의 의견과 상충되는데도 고집불통처럼 귀를 막고 나간다면 쓸쓸한 결말을 맞을 수밖에 없다. 고집과 허세를 버릴 때 진솔한 사람으로 기억될 것이다.

자기 관리에 부지런한 사람에게 매력을 느낀다.

자기 관리의 결과는 삶의 모습으로 나타난다.

건강한 체형을 유지하는 것은 꾸준한 운동의 결과물이다.

공부, 취미뿐 아니라 무엇이든지 목표를 갖고 노력하면 실력이 쌓인다. 그리고 건강한 영향력은 주변 사람들에게도 동기 부여를 경험하게 한다.

꿈을 향하여 달려가는 사람에게 매력을 느낀다.

"죽을 때까지 꿈꿔라"라는 명언처럼 일상을 알차게 보내다 보면 꿈에 조금 근접한 자신을 발견할 수 있을 것이다. 꿈에 조금씩 가까워질수록 삶의 보람을 느끼게 되고 그것은 바로

---

14) "듣고 행하지 아니하는 자는 주추 없이 흙 위에 집 지은 사람과 같으니 탁류가 부딪치매 집이 곧 무너져 파괴됨이 심하니라"(눅 6:49)

표정으로 드러난다. 그래서 꿈을 향해 땀 흘리는 모습은 언제나 보기 좋다.

그런데 타인에게서 꿈을 찾는 사람도 있다.

이들은 자신의 꿈이 사라질 때 주로 배우자나 자녀를 대상으로 삼는다. 그러나 기대했던 만큼의 결과가 보이지 않으면 실망감으로 인해 불행해진다. 사실 가족은 사랑의 대상이지 꿈의 대상이 아니다. 삶의 이유와 행복은 자신에게서 찾아야 한다. 꿈이 없이 하루하루를 살아가는 사람은 피로감이 쌓여 쉽게 지친다. 반면 꿈이 있는 사람은 성취하려는 열정이 있기에 매력적으로 보인다.

자신감 넘치는 사람에게 매력을 느낀다.

표정에서 에너지가 넘치면 얼굴이 좋아 보인다.

목소리에 힘이 넘치고 태도 역시 당당하다. 분명한 목소리로 소신을 말하지만 늘 겸손한 언어를 사용한다. 결코 교만하지 않는 당당함을 보인다.

이런 사람들은 구김살 없는 호방한 성격에 높은 자존감으로 매사에 자신감 있는 태도를 보인다. 그 모습은 보기도 좋지만 결과 또한 우수하다. 이와는 대조적으로 소극적인 태도는 관심과 인정을 덜 받을 뿐 아니라 이로 인한 손해를 감당하며 살아가야 한다.

이성에게 적당히 무관심한 사람에게 매력을 느낀다.

이성에게 과도하게 집착하는 모습은 원초적인 외로움을 채우려는 욕망 같아서 추해 보일 때가 있다. 치근덕거리는 행동은 꼴불견이다. 과도하게 들이대면 상대는 불편함을 느껴 자신도 모르게 멀리하게 된다. 그래서 지나친 관심을 적절히 통제해 거부감이 들지 않도록 전달하는 방법이 필요하다. 관심이 커질수록 집착하지 않도록 인내도 커져야 한다. 애정 결핍인 경우 집착이 강해지는 경향이 있다. 관심 있는 상대에게 이성으로 접근하지 않고 오늘을 함께 살아가는 사람으로 대한다면 상대 역시 편안하게 온정을 나눌 것이다.

근사한 정장 차림에 성경책을 들고 있으면
마음가짐이 달라진다.

나도 모르게 환한 미소가 피어나고 친절이 샘솟는다.

나는 성경을 읽는 사람에게 매력을 느낀다. 대중교통을 이용할 때 성경을 읽는 사람과 마주하면 존경의 눈빛으로 바라보게 된다. 무엇보다 최고의 매력은 성경대로 살아가려고 노력하는 사람이다. 그것이 진짜 신앙인지 여부는 오직 가족이 알고 있다. 교회에서 보여준 미소와 친절이 일상생활에서는 나타나지 않는다면 그의 신앙은 가짜다. 그저 겉으로만[15] 보기 좋은 것이다. 완벽할 수는 없지만 노력하는 모습이 있어야 매력적이다.

---

15) "…겉으로는 사람에게 옳게 보이되 안으로는 외식과 불법이 가득하도다"(마 23:28)

17

너무도 다른

생각이 유연한 사람이 있다.

그들은 시대정신의 변화에 맞추어 필요한 것에 적응하고 수용한다. 못마땅해도 양보하고 누군가를 지지하는 열린 마음이 있다.

반면 고지식하게 자신의 틀에서만 움직이는 사람도 있다. 그들은 상식에서 벗어난 행동에 대해 무척 싫은 내색을 한다. 그래서 다른 사람들로부터 "꼰대"라는 소리를 듣기도 한다. 하지만 이런 소리를 들어도 꿈쩍도 하지 않는다.

매사에 긍정적인 사람이 있다.

긍정적인 사람은 긍정적으로 말하는 사람을 좋아한다. 긍정 코드를 가진 사람은 할 일을 즐겁게 하면서 막힌 문제에도 해답을 찾는다.

반면 무엇이든 부정적인 의견부터 내놓는 사람이 있다. 부정적인 사람은 긍정적인 사람을 몹시 불편하게 대한다. 때로는 긍정적인 사람을 공격한다. 자신이 보기에는 부정적인 이 일을 어떻게 긍정적으로 볼 수 있는지, 그 견해를 질책한다.

무엇이든 쉽게 수용하는 사람이 있다.

이들은 대체적으로 설득을 잘 받아들이는 성격으로 사기꾼에게 잘 속기도 한다. 이런 사람이 만약 특정 언론의 뉴스만 접한다면 편견을 가질 수도 있다.

반면 조금이라도 모르는 내용이 있으면 궁금증을 해결해야만 직성이 풀리는 호기심이 강한 사람이 있다. 이들은 의심이 생기면 모조리 확인해야 하기에 결코 사기꾼에게 당하지 않는다. 또한 언론의 메시지가 이해되지 않으면 직접 궁금한 내용을 확인하고 반대의 목소리까지 들은 후에 판단하기 때문에 일방적인 확증편향성 보도에 쏠리지 않는다. 그래서 한 방향으로 기울지 않는 생각의 균형을 유지한다.

스스로를 평범하게 생각하고 현재에 만족하는 사람이 있다.

이들은 사람들로부터 관심받는 것을 어색해 한다.

그래서 특별함을 발견하고 칭찬을 하면 별것 아니라며 가볍게 넘긴다.

반면 스스로를 아주 비범하다고 믿는 사람도 있다. 자신을 마치 소설 속 주인공으로 생각한다. 일상에서 벌어지는 일들이 자신을 중심으로 전개된다고 믿으며 자기 위주로 행동하기 때문에 배려를 찾기 어려운 이기적인 성격이 많다. 이런 사람들도 가정을 꾸리면 태도가 조금씩 다듬어진다. 일상에서의 책임을 경험하며 성숙해 가는 것이다.

동료를 신뢰하여 일을 맡기는 사람이 있다.

이들은 업무를 할 때 필요한 사람을 최대한 활용한다.

일을 분배하여 책임을 나누고 자신이 집중할 부분에만 초점을 맞춘다.

반면 업무를 지시하고 일을 맡겼지만 안심하지 못해 자주 진척 상황을 체크하는 사람도 있다. 그러다 마음이 놓이지 않으면 맡긴 일을 본인이 직접 해버린다. 자신이 직접 해야 직성이 풀리는 성격이다.

현재의 삶에 만족하는 마음으로
여유를 누리며 사는 사람이 있다.

이들은 주어진 여건에 맞추어 행복을 누리며 산다.

누군가 부동산이나 주식으로 벼락부자가 됐다고 자랑해도 크게 마음을 기울이지 않는다. 평균회귀를 믿어서 오르면 반드시 내려가고 교만하면 몰락이 온다고 믿는다.

반면 마음이 분주해서 쉬지 못하고 끊임없이 무언가를 해야 안심하는 사람도 있다. 다급한 마음에 조금만 뜻대로 안 되면 더욱 자신을 채찍질한다. 투자든 취미든 무엇이든 항상 남들을 따라가려고 애쓴다. 그러니 마음에 여유가 없이 살아간다.

커다란 성공을 향해 달려가는 사람이 있다.

모든 것을 성공에 맞추다 보니 때로는 가족이 불편한 짐처럼 여겨질 때가 있다. 그들은 가족과 보내는 시간조차 아까워한다. 성공을 이룬 다음에 얼마든지 가족과 시간을 누릴 수 있다고 믿는다.

반면에 소확행(小確幸)을 누리며 살아가는 사람도 있다.

이들은 성공을 잊은 것은 아니지만 욕심을 버리니 일상 가운데 자주 행복을 느낀다. 특히 가족과 함께하는 시간을 사랑한다. 이것을 삶의 확실한 행복이라고 믿으니 인생이 즐겁다.

즐겁게 살아가는 사람이 있다.

기쁜 일이 없어도 항상 즐겁다.

힘겨운 일을 만나도 웬만해선 인상이 크게 굳지 않는다.

추운 겨울에도 푸른 잎사귀를 간직한 동백나무가 꽃을 피우듯 위기에도 실력을 발휘한다. 항상 미소를 머금고 있어 가까이 다가서는데 부담스럽지 않다.

반면에 고행하듯 힘겹게 살아가는 사람도 있다.

즐거운 일에도 웃지 않는다. 한 번의 인생인데 뭘 그렇게 억누르며 사는지 항상 우울하다. 그렇게 미소가 없이 살다 보면 즐거움을 되찾고 싶어도 뜻대로 안 될 것이다. 훗날 무거운 집 안 분위기로 가족을 위축시킨 것을 알게 된다면 크게 미안할 것이다.

책임감이 강한 사람이 있다.

이들은 자신이 했던 말에 책임을 지고자 최선을 다한다.

비겁한 뒷모습을 보이지 않는 그의 태도에서 신뢰를 느낀다.

반면 공수표만 남발하는 사람도 있다. 말만 무성했지 실제로 지킨 결과는 하나도 없다. 그를 알기 전에는 무척 기대했지만 몇 번 실망한 뒤로는 신경 쓰지 않는다. 그가 어떤 말을 하던지 크게 와닿지 않기 때문이다.

거리낌 없이 비양심적인 행동을 일삼는 사람이 있다.

상식적으로 이해되지 않는 행동을 자연스럽게 한다.

지켜보는 눈이 많은데도 타인의 시선을 신경 쓰지 않는다. 귀가 따가울 텐데 잘도 견딘다. 도대체 어떤 인성인지 궁금하다.

반면 작은 부조리에도 괴로워하는 지극히 양심적인 사람도 많다. 이런 양심을 고귀하게 지켜가는 철학이 존경스럽다.

사람은 역시 양심을 지킬 때 빛난다.

표면적으로 드러나는 스펙에 초점을 맞추는 사람이 있다.

스펙(spec)을 리스펙트(respect) 하다 보니 기준에 만족하지 못하면 인정을 하지 않는다. 최고의 스펙을 갖추어야 최고의 성과를 만들어낸다고 강하게 믿는다.

반면 경험에 초점을 맞추는 사람도 있다. 잘 짜인 스펙처럼 논리적으로 설명하지 못해도 경험에서 다져진 노하우를 소중하게 여기며 계속해서 경험을 쌓아간다.

감정을 솔직하게 표현하는 사람이 있다.

보고 느낀 그대로 숨김없이 말한다. 솔직함으로 인해 사람 냄새도 나지만 당혹스러울 때도 있다.

반면 권모술수에 강해 말하는 동안에도 자신의 감정을 결코 들키지 않는 사람도 있다. 입이 무겁기도 하고 필요한 말만 하기에 좀처럼 그의 속내를 알아내기 힘들다. 자신에게 유리하도록 가공해 말하는 것에 능숙해 거짓말 탐지기를 능가할 정도다. 거짓말을 진실처럼 믿도록 말한다.

사람과 어울리는 것을 좋아하는 사람이 있다.

작은 것이라도 함께 나눈다. 소소한 것을 같이하며 즐거워한다. 그래서 외로울 틈이 없다.

반면 조용하게 홀로 고독한 것을 좋아하는 사람도 있다. 자신의 시간을 방해받는 것을 힘들어한다. 사람들 속에 있으면 거의 말을 하지 않는다. 사람들과 작별해야 안도의 한숨을 쉬며 여유를 찾는다.

낯선 사람과 금세 친해지는 사람이 있다.

분위기를 맞추어 가볍게 대화를 나누며 금세 친해져 편한 사이가 된다. 사람을 끄는 묘한 매력을 지녔다.

반면에 사교적이지 못한 사람도 있다. 낯가림이 심한 데다가 내성적인 성격이라 대화가 쉽지 않다. 대화의 기술도 서툴러 사무적인 말로 분위기를 무미건조하게 만든다. 그래서 이런 사람과 친해지려면 비교적 오랜 시간을 함께해야 한다. 시간이 오래 걸려 결국 진국이란 걸 알게 된다.

애교가 넘치는 사람이 있다.

이들은 주변의 관심이 자신에게 확 끌리도록 만든다.

그가 나타나면 칙칙하거나 무거운 분위기에 활력이 더해져 화기애애한 분위기로 확 바뀐다. 그래서 주변 사람들로부터 대단히 인기가 높다.

반면에 무뚝뚝한 사람은 관심이건 사랑이건 무엇을 표현하는 자체가 힘겹다. 성장 중에 생긴 애정 결핍일 수도 있다. 부족한 결핍을 채워야 좋아진다. 그래서 결핍을 크게 느낄수록 서둘러 채우려 한다. 가령 아버지 또는 엄마의 사랑이 그리워 배우자에게서 결핍을 채우고자 결혼을 선택하기도 한다. 그러나 배우자에게서 부모의 결핍까지 채울 수 없다는 것을 살면서 알아간다.

나와 다른 상대의 모습에 매료되어 사랑하는 사람이 있다.

그 매력에 이끌려 결혼까지 한다. 나무가 자라면서 줄기가 갈라져 영원히 다른 방향을 향해 자라듯 서로의 상반된 차이로 인하여 우여곡절을 겪으며 서로를 알아가는 과정을 통해 배려하는 부부가 된다. 그들에게는 평화가 찾아온다.

반면 다름이라는 차이를 용납하지 못하고 갈등을 안고 살아가는 사람들이 있다. 그들은 늘 지지고 볶으며 다이내믹하게 산다.

무엇이든 신속하게 결정하는 사람이 있다.

이들은 복잡한 계산이 얽힌 내용을 빠르게 분석하고 신속하게 결정한다. 빠른 결정은 과정까지 신속하게 진척시키기 때문에 이로 인한 부작용도 가끔 발생하지만 그 역시도 빠르게 처리한다.

결정 장애를 가지고 있는 사람도 있다. 이들은 아주 간단한 것을 선택하는 것조차 힘들어한다. 자신의 결정에 확신을 갖지 못하고 타인에게 의지한다. 주변 사람들이 귀찮아할 정도로 자주 물어본다. 물어볼 사람이 없을 때는 인터넷 댓글에서 도움을 받는다. 투자를 할 때도 열심히 공부해서 알게 된 기회를 결정하지 못하고 시간만 흘려보낸 후 "그때 했어야 했는데…"라고 후회만 한다.

생활 공간에 물품을 꺼내놓고 쓰는 걸 좋아하는 사람이 있다.

겉보기에는 지저분하고 무질서한 환경 같은데 나름의 규칙으로 자신에게 적합한 편리를 추구한다.

반면 정리 정돈된 환경을 좋아하는 사람이 있다. 어수선한 환경을 아주 불편하게 느끼고 집안이 정리 정돈되어 있지 않으면 짜증을 낸다. 자주 사용하는 물품이라도 사용 후에는 반드시 서랍에 넣어서 보관해야 마음이 편안하다.

세상의 모든 뉴스와 화젯거리에 관심이 많은 사람이 있다.

이들은 레거시 미디어(TV〈지상파, 케이블〉·라디오·신문 등) 뿐만 아니라 유튜브 뉴스 기사까지 섭렵하여 화재의 중심을 파악하려 애쓴다. 그 결과 정보의 깊이와 너비가 남달라 주변을 주목하게 하며 정보를 전파하는 데 재미를 느낀다.

반면 오늘의 화젯거리보다 영원히 변하지 않는 성경에만 집중하는 사람도 있다. 그는 세상에 존재하는 최고의 지식을 채우기 위해서 성경에 초점을 맞춘다. 그리고 얻은 내용을 나누는데 행복을 느낀다.

후회를 많이 하며 살아가는 사람이 있다.

일단은 자신의 뜻대로 밀어 부치다가 일이 뜻대로 풀리지 않으면 후회하기 시작한다.

반면 일상생활에서 감사가 가득 넘치는 사람도 있다. 충분히 기도하고 생각한 후에 결정하기 때문에 후회할 일이 드물어 감사가 넘친다.

봉사를 맡았지만 아무것도 하지 않는 사람이 있다.

또는 봉사의 무게로 인하여 신앙이 다운되기도 하는데 원인은 예배를 등한시했기 때문이다. 같이하는 사람들과 의견이 어긋나면 혼자서 하고 있으니 생각하기에 힘겨운 멍에를 느낀다.

반면 열심히 봉사하며 신앙까지 성장하는 사람이 있다. 이들은 함께하는 사람들과 힘을 합쳐 즐겁게 일한다. 최선을 다한 후에 돕는 손길을 경험하며 신앙의 깊이가 확장된다. 비록 맡겨진 일이 보잘것없어도 충성을 다한다.

가운데(中)와 마음(心)이 합쳐지고 말씀(言)과 이룬다(成)가 합쳐진 '충성'(忠誠)은 마음 중심에 말씀을 이루는 것이다. 충성은 거저먹는 것이 아니다. 비록 무모해 보이는 일이라도 부딪혀 도전하는 것이 충성이다. 당신은 스스로를 어떤 사람이라고 생각하는가?

"맡은 자들에게 구할 것은 충성이니라"(고린도전서 4:2)

세상에는 다양한 가치관이 공존한다.

어쩜 그리도 다를까? 반대편으로 기울어진 상대를 볼 때면 색안경을 끼고 보는 것이 보편적이다. 하지만 상반된 모습을 어느 정도 수용하지 못하면 결국 부딪히게 된다. 그래서 다름을 이해하는 노력이 필요하다.

가끔은 내가 추구하는 나와 타인이 바라보는 내 모습에서 상당한 거리감을 느낄 때 정체성이 흔들리기도 한다. 하지만 나는 내가 어디를 향해 움직이는지 알고 있다. 계속해서 긍정적인 변화를 추구한다면 시간이 흐른 후에 내가 생각하는 내 모습과 타인이 바라보는 나의 모습이 거의 일치할 것이다.

18

세 부류

진보와 보수 그리고 중도가 있다.

팽팽한 세력 균형 속에서 정치 발전을 이루면 좋겠지만 에
너지를 하나로 모으지 못하고 분산되기 일쑤다. 진보와 보수
의 주장은 '모 아니면 도'처럼 극명하게 한쪽으로 치우쳐 서로
에 대한 양보를 찾기 힘들다. 오직 자신만이 해낼 능력이 있
다고 주장하면서 상대를 무시하고 반목을 조장하는 정치를
한다.

양강 구도의 정치 문화에서 중도는 지지층 결집이 가장 힘
든 부류이다. 진보와 보수 사이에서 차별화된 정책을 부각시
키기 어렵기 때문이다. 무엇보다 지지세력을 완전히 무시하고
명분도 빈약한 단일화에 굴복해 스스로를 지키지 못하는 한

계를 드러내는 것이 문제다.

정치는 어려운 일인데 쉽게 판단하는 것이 안타깝다.

분명 다양한 목소리가 체계적으로 어우러질 때 의미 있는 정치 발전을 이루게 된다. 한 쪽으로 치우치면 득보다 실이 크다. 그렇기에 균형은 국민 모두의 몫이다.

신자와 잠재적 신자 그리고 무신론자가 있다.

신자는 하나님께 예배를 드린다.

잠재적 신자는 신의 존재를 인정하면서도 믿는 것을 나중으로 미루고 현재를 즐긴다. 무신론자는 생물학적으로 죽으면 모든 것이 끝이고 사후에 아무것도 없다고 확신한다. 그러나 나그네의 삶을 사는 인생길에서 신자만 아는 비밀을 모든 사람들이 꼭 깨닫기를 소망한다.

생계를 위해 또는 꿈을 이루기 위해 아니면 소명을 위해 일하는 사람이 있다.

자본주의 환경에서 생계를 무시하기란 쉽지 않다.

현재의 소득이 당장 사라진다면 일상이 고통스러울 것이다. 그렇다고 월급만 기다리며 일한다면 생계형에 가깝다. 우리에게 일은 소득 이상의 숭고한 가치를 담고 있다. 일을 통해 꿈을 갖게 되었고 이를 이루고자 열심을 다했다. 일시적인 경제적 대가가 사라져도 맡은 일을 해야 하는 분명한 소명 의식이 있다면 충성을 다해 감당할 수 있다.

꿈을 이뤘거나 꿈을 향해 달려가거나 아니면 꿈이 없는 사람이 있다.

꿈을 이룬 사람은 '성취감'의 맛을 안다.

이로 인하여 풍요를 누리지만 결코 머물러 있지 않고 또 다른 꿈을 찾아 나선다. 꿈을 향해 달려가는 사람의 가슴속에는 묵직한 것이 있다. 당장은 피로감이 커도 미래를 향한 걸음을 멈출 수 없다.

꿈을 성취하기 위해 희망적인 사회든지 아니든지 꿈을 갖고 있는지 여부는 중요하다. 그동안 체념했던 일에 에너지를 쏟을지 말지는 오직 스스로의 의지에 달려있다. 꿈을 향해 달려가는 것만으로도 행복할 때가 많고 수고는 배신하지 않는다는 것이 보편적 가치이다.

총각 또는 노총각 아니면 초월한 노총각이 있다.

총각에게는 애인이 있는 경우가 많다. 애인이 있는 총각은 결혼을 생각한다. 그런데 노총각임에도 애인이 없는 경우도 많다. 노총각이기에 애인이 생기면 쉽게 결혼까지 꿈꾼다. 노총각 중에는 애인이 있는 경우도 있지만, 오래 알고 지낸 사이임에도 결혼을 고려하지 않는다면 새로운 사람을 만날 것을 추천한다.

분주하게 살다가 결혼 적령기를 놓치면 금세 결혼이 부담스러운 나이에 접어든다. 그러다 결혼을 초월하게 되면 결혼을 인생에 끌어들이지 않을 수도 있다. 결혼을 초월한 노총각의 증가는 비단 개인의 문제가 아니다. 이는 출산율에 영향을 끼치고 출산율 감소는 국가의 심각한 문제가 된다.

출산을 기피하는 이유는 다양하다.

지나친 경쟁 구조에 살다 보니 육아 비용 부담이 크고, 반면 양질의 일자리와 주거 안정은 여전히 부족하다. 또한 엄마 입장에서는 육아 불평등과 경력 단절의 불이익도 감수해야 한다.

경제성장률 추락과 미래에 대한 희망이 줄어드는 것도 문제다. 무엇보다 수도권 인구 집중은 경쟁 심화로 인해 만혼이나 비혼 등을 부추겨 출산율 저하의 원인으로 손꼽힌다. 때문에 국토 균형 발전은 국가가 해결해야 할 숙제다. 이제는 국가에서 육아에 대한 부담을 줄여주는 방안에 대해 노력해야 한다.

도시와 농어촌 그리고 산지촌의 생활 모습이 다르다.

소득 불균형의 구조적 문제가 존재하지만 농어촌에서의 생활이 도시보다 상대적으로 만족스럽다. 그 이유는 도시에 비해 수입의 격차가 크지 않아 상대적 박탈감을 느끼는 정도가 약하고 땅에서 얻은 수확물로 인해 생활비 부담을 줄일 수 있기 때문이다.

도시인의 삶은 어떻게 사느냐에 따라서 천차만별이다.

소비할 곳이 많지만 반면 아끼며 살 수 있다. 또한 도심만

이 품고 있는 에너지가 많기에 돈을 많이 쓰지 않아도 누릴 수 있는 환경이 많다. 그래서 도시에서 재미를 누리고 살면 도심을 떠나지 못한다.

도시 생활 못지않게 산지촌에서의 삶이 행복하다고 고백하는 이들도 있다. 도시 생활자들처럼 고정수입이 있는 것은 아니지만 자연이 제공하는 양식으로 넉넉하게 살아가며 자유를 누리기 때문이다.

주동자 또는 추종자 아니면 방관자가 있다.

한 노인이 전철에서 내리다 승강장 사이에 발을 끼었다.

주변에 많은 사람들이 걱정하며 아우성을 쳤다.

이때 주동자가 나타났다. 한 사람이 열차를 밀기 시작했다. 그러자 추종자들이 가세했다. 물론 열차는 꿈쩍도 하지 않았다. 점점 더 많은 사람들이 모여들었고 이들이 다 함께 열차를 밀자 도무지 불가능해 보였던 열차가 밀려나고 노인은 발을 무사히 빼게 되었다. 모두 함께하여 이루어 낸 결과지만 주동자의 역할은 훌륭했다. 그는 방관하던 사람들을 현장으로 끌어들였다. 이번 경우처럼 주동자의 역할로 인해 일시적으로 힘이 모이기도 하지만 사실 계획된 연합이 훨씬 많다.

어떤 정책을 반대하는 시위에는 이를 계획한 주동자가 있고 그를 따르는 추종자들이 있다. 처음에 이들은 소수였을 것이다. 그런데 다수의 방관자들이 단순 추종자들로 변하면서 거대한 세력이 형성된다. 그래서 기득권은 시위를 해산시키기 위한 방법으로 주동자를 수배한다. 구심점을 무너뜨리면 단순 가담자들은 방관자로 변해버리기 때문이다.

주동자는 물론 함께 준비했던 추종자들은 분명한 자기주장이 있다.

하지만 단순 추종자들은 그렇지 않다. 우리는 누군가를 따라 이유 없이 어떤 행동을 할 때가 있다.

많은 사람들이 참여한다고 해서 감정에 휩쓸려 촛불을 들어야 할 이유가 있는지 스스로 점검할 필요가 있다. 왜냐하면 군중 심리는 다수의 감정 연합이기 때문이다. 자신에게 필요한 것은 감정을 넘어 논리가 우선이다. 하지만 사람은 정의를 위해 목숨을 바칠 수 있고 이러한 희생이 우리가 사는 세상을 변화시켜 왔다.

우리가 사는 모습은 두 가지로 보일 때가 많다.

찬성하거나 반대하거나, 합격하거나 불합격하거나, 성공하거나 실패하거나, 좋거나 싫거나…. 모든 것은 두 가지로 확연하게 나뉜다. 어떨 때는 다른 선택은 없어 보인다. 그런데 사람은 한 가지를 선택했다고 해서 계속 그 자리에 머물러 있지 않는다. 계속 움직인다. 그 과정에서 중간지대가 만들어진다. 어느 위치나 입장이든지 상대를 향한 존중의 자세는 필요하다. 그것이 함께 살아가는 방법이기 때문이다.

19

몽타주

꿈에 세 명의 몽타주가[16) 등장했다.

이들은 어떤 결정을 앞두고 갈팡질팡하던 내게 다가와 각자의 논리로 나를 설득했다.

세 명의 얼굴 생김새와 주장은 확연히 달랐다.

왼쪽 사람은 보름달처럼 동그란 얼굴에 이마까지 훤했다. 수명을 다한 머리카락 때문에 민머리가 후광처럼 빛났다. 하지만 강렬한 눈빛으로 쳐다보며 "지금보다 더 적극적으로 밀

---

16) 영화 제작 과정에서 촬영된 필름 조각들을 창조적으로 결합하여 극적인 효과 또는 예상하지 못한 해석으로 긴장감을 구성하는 편집 방법을 몽타주라 부른다. 또한 범죄수사를 위해서 얼굴의 특징을 합성하여 범인의 생김새와 유사하게 얼굴을 만드는 것도 몽타주라 부른다.

어붙여"라고 큰 소리로 말했다. 한마디로 예스(Yes) 사인을 주었다.

가운데 사람은 계란형 얼굴로 길고 이마가 좁았다.

그의 눈썹은 유난히 짙었고 외모는 준수했다. 하지만 사람에게 시달린 듯 지치고 피곤한 모습이었다. 그는 "모호한 상황에서는 당장의 결정을 미루고 차분하게 상황을 지켜본 후에 판단해"라고 말했다. 한마디로 충분히 지켜보라는 신호 같았다.

오른쪽 사람은 식빵처럼 네모난 얼굴형에 코와 귀가 유난히 컸다.

온화한 미소를 머금고 친절한 태도를 보인 그는 내게 "즉시 포기해"라는 충고를 남겼다. 한마디로 노(No) 사인이었다.

잠에서 깨어 어떤 충고일지 생각했다.

평소와 다른 꿈이었지만 아무리 꿰맞추어 보아도 마땅히 적용할 상황이 없었다. 며칠 후 우연히 중학교 여자 동창을 만났다. 이런저런 이야기를 나누다가 고민을 듣게 되었다.

동창은 남편과 이혼 후 다시는 남자를 사귀지 않겠다고 결심해 10년을 홀로 지냈는데 가깝게 지내던 직장 동료에게 최근 청혼을 받았다고 했다. 자신의 이상형은 이혼한 남편이었는데 서로 양보하지 못하는 결혼생활로 인해 지옥같이 살았다고 말했다.

최근 청혼한 직장 동료의 외모가 이상형은 아니지만 밝은 미소와 친절한 배려로 마음의 문을 열었다고 했다. 그런데 자신이 알지 못하는 뭔가가 있는 것 같다며 같은 남자의 눈으로 한번 봐달라며 사진을 건넸다.

그 남자의 사진을 보는 순간 깜짝 놀랐다. 꿈속에서 보았던 오른쪽 사람의 몽타주였다. 꿈속에서 그가 했던 말이 선명하게 기억났다. 하지만 친구에게는 꿈에서 왼쪽 사람이 했던 말을 건넸다. 꿈은 반대라고 하는데 그렇게 되길 바라는 마음 때문이었다.

나는 동창의 이상형이 궁금해 이혼한 남편의 사진을 보여달라고 했다. 동창은 SNS에서 한참을 찾더니 이혼한 남편의 사진을 보여주었다. 그 사진을 보고 나는 다시 한번 크게 놀랐다. 꿈에서 보았던 몽타주 중 가운데 사람과 아주 흡사했다. 그 순간 이번 결혼을 정말 심사숙고하라고 말하고 싶었지만 차마 말하지 못했다. 그후로 마음의 부담감이 생겼다.

얼마 후 동창은 내게 청첩장을 건넸다.

이 청첩장을 받고 나는 다시 꿈을 꾸었다. 지난번 꿈에 등장한 세 명이 다시 등장했다. 그들은 '토요일 점심으로 무엇을 먹을까?'를 논의하고 있었다. 왼쪽 사람이 먼저 나서서 국수를 먹자고 제안했다. 그러자 오른쪽 사람이 펄쩍 뛰며 반대하더니 따로 국밥을 먹자고 했다. 둘의 의견 대립은 팽팽했다. 한 발 뒤에 있던 가운데 사람은 눈치를 보더니 오른쪽 사람의 의견에 동조했다.

꿈에서 깨어난 나는 동창을 찾아가 진지하게 꿈 이야기를 전하며 이제라도 되돌리기를 바랐다.

동창은 빙그레 웃으며 "나는 내 감을 믿어"라며 나를 안심시켰다. 얼마 후 동창은 재혼을 했다. 그리고 행복해야 할 시간에 커다란 고난이 다가왔다.

새 남편에게는 벗어나지 못하는 도박병이 있었던 것이다. 새 남편은 큰돈이 필요할 때마다 도박에 뛰어들었고 그동안은 운이 좋았던 모양이다. 그래서 결혼을 앞두고 좋은 집을 사서 아내를 행복하게 해주려고 사채까지 끌어모아 도박을 했는데 몽땅 잃어버린 것이다.

결혼하고 얼마 지나서 새 남편은 도망자 신세가 되었고 모든 발단은 새로 결혼한 아내 때문이라며 동창에게 모든 책임을 떠넘겼다. 급기야 사채업자는 동창에게 독촉을 했고 그녀는 그동안 모은 전 재산을 빼앗겼다. 하지만 그럼에도 사채 빚은 턱없이 모자랐다. 사채업자들의 협박은 계속되었고 더 이상 버티지 못한 동창은 결국 이혼을 선택했다. 하지만 이미 그녀는 빈털터리 신세가 되고 말았다.

안타까운 소식을 듣고 동창을 만났다.

그녀는 많이 야위었지만 안정을 찾은 모습이었다.

동창은 이곳에서 너무 오래 살았다며 아주 멀리 떠나고 싶다고 말했다. 먼 곳으로 이사를 떠날 계획처럼 들렸고 나는 아무 말도 건네지 못했다.

동창과 헤어지고 세 명이 등장하는 꿈을 다시 꾸었다.

그들은 강가를 거닐고 있었고 강 건너에 들국화 무더기가 만발해 있었다. 수심이 그리 깊어 보이지 않은 듯 왼쪽 사람이 강을 건너자고 말했다. 그러자 오른쪽 사람이 주변의 팻말을 보고는 강하게 반대했다. 팻말에는 'Jordan'이라고 쓰여 있었다. 이번에는 가운데 사람도 오른쪽 사람의 의견에 동조했다. 하지만 만류에도 불구하고 왼쪽 사람은 강을 건너기 시작했다.

꿈에서 깬 나는 다음날 바로 동창을 찾아갔다.

그러나 살아있는 그녀는 더 이상 없었다. 나는 그녀의 영정사진을 보며 조문을 할 수밖에 없었다. 그녀가 이렇게 떠날 줄은 정말 몰랐다.

이 또한 꿈이었지만….

안타까운 결말을 통해 세 가지 교훈을 얻었다.

첫째, 사람은 알고 지낸 시간이 전부가 아니라 가까이서 겪어보아야 한다는 것이다.

둘째, 진실이 한 번에 통하지 않으면 여러 번 알려주어야 한다는 것이다.

셋째, 아무리 확고하게 결정했더라도 의미 있는 충고를 들었다면 다시 생각하는 유연성이 필요하다는 것이다.

결정에 확신이 없을 때 우리가 할 수 있는 최소한의 선택은 기다리는 것이다. 진실은 영원히 감춰지지[17] 않는다. 때문에 진실을 알고도 외면하면 슬픈 결말을 맞을 수밖에 없다.

충고의 말을 건네는 상대의 입보다 눈동자를 보면 진실을 알 수 있다.

젊은 사람의 표정은 무언가를 잘 숨기지도 못하지만 잘 굳지도 않아 표정만 보고는 의중을 파악하기 힘들 때도 있다.

반면 중년 남성의 얼굴을 보면 대충 감이 온다.

아주 가끔은 후흑(厚黑 : 시커먼 속마음을 숨기는 두꺼운 얼굴)을 몰라볼 때도 있지만 대부분은 그 사람의 얼굴을 보면 성격과 생활이 짐작된다. 물론 감은 감이다. 하지만 때로는 감이 적중률이 높을 때가 있다. 동창이 내게 말했던 "나는 내 감을 믿어"라는 말이 어떤 거였는지 궁금해 꿈에서 물었지만 대답을 듣지 못했다.

---

17) "…감추인 것이 드러나지 않을 것이 없고 숨은 것이 알려지지 않을 것이 없느니라" (마 10:26)

20

중대한 실수

**알프스 그린델발트(Grindelwald) 등산 중에
갑자기 동물의 울음소리를 들었다.**

긴장하며 등산을 이어가던 중 울음소리가 가깝게 느껴졌
다. 순간 겁이 나 산 아래로 전력 질주하여 달아났다. 하지만
동물의 울음소리는 점점 더 가까이 나를 따라왔고 당황한 나
머지 그루터기를 못 보고 걸려 넘어져 데굴데굴 구르다 멈췄
다. 이때 내 앞으로 곰이 다가오고 있었다.

두려움에 휩싸인 나는 방어할 무언가를 찾았다.
그때 주먹만 한 돌이 보였다. 주위를 둘러볼 겨를도 없이
반사적으로 돌을 집어던졌다. "픽!" 소리와 함께 급소에 맞은

듯 곰은 고통스럽게 비틀거리다 쓰러졌다.

순간 곰의 눈을 보았다.

왠지 슬픈 눈으로 나를 바라보는 듯했다. 곧이어 싸늘한 느낌을 감지했다. 그러고는 좀 전의 내 행동이 중대한 실수였음을 깨달았다. 내 어깨를 물어뜯으려 입을 벌리고 있는 늑대가 보였고 도저히 피할 수 없음을 직감했다. 나를 도와주려던 곰에게 돌을 던져 쓰러뜨린 것이다. '주위를 둘러보고 상황을 판단한 후에 돌을 던져도 늦지 않았을 텐데…'라고 후회하다가 꿈에서 깼다.

사람은 두려울 때 중대한 실수를 한다.

두려우면 서두르게 되고 서두를수록 시야가 좁아져 판단력이 떨어진다. 아주 잠깐이라도 두려움을 버티며 생각할 수 있다면 좋은 선택을 할 수도 있다.

감정을 다스리지 못해 가족에게 신경질을 부려 관계가 멀어졌다면 마치 꿈속에서 곰을 쓰러뜨린 것과 같을 것이다.

소중한 사람에게 의도치 않은 실수를 했을 때의 느낌을 기억한다.

결정적인 실수 한 방으로 관계가 멀어질까 봐 한동안 신경이 쓰였다. 사는 동안 한두 번은 경험할 수 있지만 계속해서 주위 사람들과 멀어지고 있다면 그 이유에 대해 고민해 봐야 한다. 내 편이 사라지면 나를 삼키려는 늑대만 득실거리게 된다.

외로움에 힘겨워지면 과거로 빠져든다.

그렇다고 해서 옛사랑을 다시 찾는 것은 깊이 생각해 봐야한다. 다시 만나면 의도치 않게 중대한 실수를 할 수도 있기 때문이다. 가령 상대의 싸늘한 반응에 흥분해 싸움으로 번지면 고통을 남겨 좋았던 추억까지 증오로 바꾸어 버린다.

반면 가볍게 안부만 나누려 했던 처음의 마음과 달리 상대의 마음을 후벼 놓을 수도 있다. 애써 힘겹게 누르던 마음이 다시 열릴 수도 있다. 그러면 더 이상 피할 수 없다는 생각에 '인연'이라 받아들여야 한다.

사람은 짝이 있어야 안정을 얻는다.

그런데 짝과 함께 있어도 외롭다면 안타까운 일이다. 이는 중대한 실수를 안고 사는 것과 같다.

자신을 싫어하는 것은 중대한 실수다.

치타와 타조가 있었다. 둘은 달리기 시합을 자주 했다.

그때마다 타조는 시야에서 금세 사라지는 치타의 모습이 부러웠다. 그래서 타조는 매일 달리기 연습을 했다. 그러는 동안에 타조의 날개는 무력화되었다. 어느 날 타조는 치타만큼 빨리 달리게 되어 기분이 날아갈 듯 좋았다. 하지만 기쁨은 잠시일 뿐 곧바로 후회했다. 비록 예전에는 지금처럼 빨리 달리지는 못했지만 날개를 퍼덕이며 잠깐 동안은 날 수가 있었다. 그래서 땅보다 높은 곳에서 멀리 펼쳐진 아름다운 풍경을 감상했다. 그러나 이제는 더 이상 날지 못했다. 치타의 빠르기를 쫓아가던 타조는 자신의 소중한 것을 잃어버린 것이다.

우리도 타조처럼 열심히 노력하면 실력자가 될 수 있다.

그러나 치타가 마냥 부러워 무작정 따라 한 것이라면 금방 후회할 것이다. 타조 이야기는 비록 상상이지만 자신에게 있는 달란트를 이해하고 발전시켜야 한다는 교훈을 준다.

자신을 싫어하는 것은 중대한 실수다. 주변 사람들과 비교해 스스로 보잘것없이 초라해 보일 때 자신감이 확 떨어진다. 남들이 잘하는 것이 그저 부러울 뿐이다. 하지만 내게도 특별한 재능이 있음을 기억해야 한다. 다만 그게 무엇인지는 스스로 찾아야 한다. 재능을 찾아서 발굴하면 실력이 된다. 그리고 부러움의 대상이 된다.

게으른 마음은 치명적인 실수를 내포한다.

초반에 빈둥거리다가 마지막에 몹시 분주한 사람을 빗대어 "석양에 바쁘다"라고 말한다.

해 질 무렵의 붉은 노을을 보면 고단했던 하루의 수고를 위로받는 것 같다. 그러나 게으르게 하루를 시작했다면 내일을 위해 쉼을 가져야 할 시간에 귀가가 늦어질 수밖에 없다.

학창 시절, 시험이 가까워올수록 분주해지며 그동안의 게으름을 떠올린 경험이 있을 것이다. 평소 성실하게 공부했다면 다급한 마음을 줄일 수 있었을 텐데…라는 후회는 우리 모두의 마음속에 남아있다.

자녀의 대학 학비를 지원하는 것은 경제적인 상황과 부모의 생활 철학에 따라 다르다. 하지만 어떤 부모는 이제 대학에 입학할 자녀의 등록금을 마련하지 못해 쩔쩔매는 경우도 있다. 그럴 때면 부모는 자녀를 키우는 동안의 삶이 게으르지는 않았나를 생각할 것이다.

생활고로 인해 폐지를 줍는 노인들의 모습을 보며 안쓰럽다는 생각과 함께 젊었을 때 노후를 준비해야 한다는 교훈을 얻는다. 우리나라 노인의 생활고가 OECD 가입 국가 중 1위라는 뉴스를 볼 때마다 마음이 안타깝다. 초고령 사회로 가는 길목에서 노인의 빈곤을 해소해야 하는 것은 우리 사회의 숙제다.

하던 것을 덥석 바꾸었다가 중대한 실수를 경험한 적이 있다.

매주 같은 산에서 정해진 등산 코스를 따라 산행했다.

한 번은 지루한 등산로를 벗어나 자유롭게 산을 올랐다. 험한 산길을 헤쳐가며 정상으로 향하는 길이라고 확신했다. 그런데 아무리 가도 정상은 보이지 않았다. 힘에 부쳐 하산을 결정하고 출발점을 향해 내려오다가 등산로를 만나고는 안심했다. 그렇게 산을 내려오니 낯선 풍경에 깜짝 놀랐다. 출발했던 장소와는 정반대 편으로 내려온 것이다. 등산로를 따라 원래의 출발점으로 되돌아오니 완전히 지쳐 쓰러질 지경이었다.

무엇이든지 하던 것에 변화를 주려면 깊이 생각해야 한다.

그래야 중대한 실수를 하지 않는다. 지금보다 좋아 보이는 마음에 갑자기 새로운 것으로 바꾸는 것은 마치 탐스러운 빛깔에 눈이 멀어 독이 든 사과를 덥석 받아먹는 것과 같다. 사과를 준 사람이 다시 올 때는 상냥했던 예전의 모습이 아니라 마귀할멈의 모습일 수도 있다. 그래서 수읽기에 약하면 낭패를 경험하고 깊이 생각하면 실수를 줄인다.

하지만 기존의 것이 모호한 방향으로 흘러 개선이 필요하다면 변화시켜야 한다.

바르지 않은 것은 당연히 바뀌어야 한다.

가령 조직에서 업무를 분담할 때 일을 똑바로 처리하지 않는 직원에게는 조금만 배당하고, 열심히 일을 잘하는 직원에게는 계속 일을 맡긴다면 이는 분명히 변화가 필요하다. 업무를 구분하여 역할과 책임을 정리해야 한다는 뜻이다. 그렇지 않으면 열심히 일하는 직원은 동력을 잃고 그 조직은 서서히 붕괴되는 중대한 실수가 발생한다. 특히 내 몫이 아닌 일을 도와주었다가 문제가 생기면 리더는 마귀할멈으로 돌변할지도 모른다.

중대한 실수를 했을 때
신체에 좋지 않은 증상들이 나타난다.

진액이 빠져나간 듯 온몸이 바싹 타 들어가고 혼란스러운 생각들로 인해 정신이 황폐해진다. 또한 편히 잠을 이루지 못하고 토막잠을 청하는 긴장 상태가 지속되면 뼈까지 쇠하게 된다.

"…심령의 근심은 뼈를 마르게 하느니라"(잠언 17:22)

실수가 주는 영향력은 결코 가볍지 않다.

살면서 실수를 안 하는 사람은 없다. 하지만 중대한 실수는 치명적이다. 그동안 쌓은 명예와 재물이 한순간 날아갈 수도 있다. 또한 우정에 금이 가고 가족과 멀어질 수도 있다. 세상을 사는 방법은 판단에 기초한다. 이 비극의 원인은 잘못된 판단이며 실수는 그 판단으로부터 온다. 주변에서 나의 판단을 문제 삼으면 확 짜증이 나겠지만 무엇이 문제인지 점검하면 습관처럼 하는 행동이 있을 것이다. 그리고 판단에 자신이 없을 때 기도할[18] 수 있다면 중대한 실수를 피할 수 있다.

---

18) "네 길을 여호와께 맡기라 그를 의지하면 그가 이루시고"(시 37:5)

21

위기 대처

**병원에 가려고 세 살배기 아들을 차에 태우고
운전을 시작했다.**

중앙분리대가 없는 도로를 주행하다가 급하게 갓길에 차
를 세웠다.

반대편 인도에 전복된 차량을 보고는 긴급하게 도움을 요
청해야겠다고 판단했다. 아들에게 "전복된 차를 도와주고 금
방 돌아올 테니 차 안에서 기다려"라고 몇 번을 이야기했다.
아들도 차에서 기다리겠다고 대답했다. 전복된 차량에 거의
다가갔을 때 마침 구조대가 도착했다. 구조대를 도와 전복된
차에서 운전자의 탈출을 도왔다. 그리고 아이가 걱정되어 곧
바로 차로 돌아왔다.

그런데 세 살배기 아들이 차 안에 없었다.

갑자기 머릿속이 하얘지고 숨이 멎을 듯 초조했다.

눈을 부릅뜨고 둘러보니 반대편에 서있는 아이가 보였다. 무사한 모습에 안도의 한숨을 쉬었다. "맙소사, 이렇게 차가 많은데 어떻게 왕복 6차선 도로를 건너갔지?"라고 생각하다가 그만 결정적인 실수를 저지르고 말았다.

조용히 달려가 아들을 안아 돌아왔어야 했다.

그런데 급한 마음에 그만 아들의 이름을 크게 부르며 "아빠가 갈게. 거기서 기다려"라고 소리쳤다. 그러자 아들이 나를 향해 달리기 시작했다. "안돼! 멈춰! 거기서 기다려!"라고 소리쳤지만 소용없었다.

사고를 모르는 아들은 걸음을 멈추지 않았다.

차들이 아들과 내가 있는 위치로 빠르게 다가오고 있었다. 이대로라면 끔찍한 사고가 날 것만 같았다. 황급히 아들을 부둥켜안는 우리 모습을 보았는지 바로 앞의 차가 재빠르게 핸들을 틀어 지나쳤다. 다행이라고 생각하는 순간, 뒤따르던 차량이 우리를 못 보고 그대로 밀고 들어왔다.

꿈을 이루기 위해서 매진하던 때가 있었다.

그러다 지치면 잠시 일손을 멈추고 재충전을 하고는 다시 뛰었다.

하지만 언제부터인지 잠시도 일을 멈출 수가 없었다. 일을 멈추면 매달 발생하는 고정적인 지출을 감당할 수가 없기 때문이다. 하지만 일상은 무언가를 걱정할 여유도 없이 분주했다. 바쁘게 일하다 보니 시간이 빠르게 흘러갔다. 그렇게 긴 세월을 살았다.

오늘 아침도 알람 소리 전에 눈을 떠 평소보다 일찍 지하철에 몸을 실었다. 회사 로비에서 커피 한 잔을 사서 자리로 향했다. 이른 시간이라 사무실은 조용했다. 자리에서 노트북을 열면서 내 이름이 적힌 조그마한 노란색 봉투를 발견했다. 봉투를 열어 보니 해고 통지서였다. "이 일을 어쩌나!"라고 생각한 순간, 온몸의 기운이 빠져나가고 아내 얼굴이 떠올랐다. 예상치 못한 퇴직은 사람을 힘들게 만들고 그 과정이 고되면 병까지 얻는다던데…. 앞날을 생각하니 숨이 턱 막혔다.

친구와 계획했던 등산을 가려고 한국을 출발해 9시간 정도의 비행 후 목적지에 도착했다.

산은 초입부터 나무들로 울창했다. 등산을 시작하고 얼마 후 땅이 심하게 흔들렸다. 강도 높은 지진 같았다. 그리고 유황 냄새가 살짝 감돌았다. 순간 불길한 기운이 느껴져 오늘의 등산을 내일로 미루고 터벅터벅 산을 내려왔다. 갑자기 '쿵' 소리가 들려 정상을 올려다보니 용암이 공중으로 치솟았다. "와 정말 멋지다"라고 외치는 순간 용암이 산 아래로 흘러넘쳤다.
용암에 닿은 나무들이 불타기 시작했다.

용암이 산 아래까지 빠르게 내려올 것만 같아 전속력으로 달렸다. 매캐한 냄새가 심해 호흡이 힘들었고 계속되는 여진으로 산사태까지 발생했다.

친구와 함께 안전해 보이는 곳을 향해 계속 달렸다. 그때 멀리에 있는 땅이 두 조각으로 갈라지는 것처럼 보였다. 최대한 멀리 뛰어 갈라지는 맞은편 땅에 도착해야 용암으로부터 안전할 것 같다는 판단이 들었다. 친구와 함께 전속력으로 도움닫기를 해서 펄쩍 뛰었다. 그런데 착지하는 느낌이 들지 않았다. 우리는 낭떠러지로 떨어지고 있었다. 그곳은 협곡이었다. 협곡 가장자리에 높이 차이로 인해 그만 착시 효과를 느껴 땅이 갈라지는 것처럼 보인 것이었다.

어이없는 판단 실수를 탓하기에는 이미 늦었다.

이대로 협곡으로 곤두박질쳐 흔적도 없이 사라질까 두려웠다. 다행히 우리가 떨어진 곳은 깊은 호수였다. 호수 바닥까지 내려갔을 때 자유 낙하는 멈췄고 그 충격으로 잠시 정신을 잃었다. 약간 정신이 든 몽롱한 상태에서 악어가 다가오는 것이 보였다. 필사적으로 피해야 했다.

팔다리를 죽기 살기로 움직여 물가로 나왔다.

하늘이 노랗게 보였다. 하지만 호수는 그저 에메랄드빛으로 아름다웠다. 얼마 후 정신을 차려보니 친구가 보이지 않았다. 다시 호수로 다이빙해 들어가 친구를 찾았다. 그 순간 악어의 뾰족한 이빨이 오른쪽 다리에 박혔다. 순간 친구는 협곡

위에서 멈추고 나만 호수로 떨어진 것이 아닐까라는 생각이 스쳤다.

둘째 아이가 다니는 체육관에서 아빠들과 함께 섬으로 여름 캠프를 갔다.

예정된 일주일이 지났지만 기상 악화로 인해 섬에 더 머물러야만 했다. 한편 숙소의 전기가 끊겨 여름 캠프 참가자들은 모두 체육관에서 함께 지냈다. 한꺼번에 많은 사람들이 체육관에 모이니 불편한 게 한두 가지가 아니었다. 시간이 지나자 사람들은 초췌하게 변했고 식량도 바닥을 드러냈다. 우리는 모두 섬에 배가 도착하기를 애타게 기다렸다.

예정보다 사흘이 더 흘렀다.

사람들이 지쳐갈 즈음 갑자기 배가 들어와 신속하게 선착장으로 이동하라고 요청받았다. 선착장까지 걸어서 20분 정도 소요되어 서둘러 도착해야 이번 승선이 가능하고 다음 출항 일정은 예측할 수 없다는 안내 방송이 흘러나왔다. 일행들은 서둘러 짐을 챙겨 체육관을 빠져나와 선착장으로 이동했다.

우리는 가방이 두 개였다.

큰 가방에는 옷가지를 담았다. 그런데 중요 소지품이 담긴 작은 가방이 보이지 않았다. 큰 가방을 아이에게 맡기고 숙소로 돌아가 작은 가방을 찾았지만 보이지 않았다. 다시 체육관으로 돌아왔는데 가방만 덩그러니 있고 아이는 보이지 않았다. 아이에게 전화를 걸었는데 지난해 담임선생님께서 전화를 받았다. 순간 당황해 안부를 묻고는 전화를 끊었다.

아이의 전화를 선생님께서 받으시다니 순간 이상한 생각이 들었지만 지체할 수가 없었다.

체육관 주변을 더 찾아봐야 할지, 선착장으로 달려가 아이가 있는지 확인해야 할지, 당장 결정을 내려야 했다. 만약 선착장에도 아이가 없다면 체육관으로 다시 돌아와 주변을 찾는 동안에 배는 출항할 것이다. 어떻게 해야 할지 갈팡질팡하며 눈앞이 캄캄했다.

이상의 끔찍했던 경험들은 모두 꿈이었기에 얼마나 다행인지 모른다.

그렇다고 해도 끔찍했던 순간은 이야기를 이어나갈 수 없을 만큼 몸서리가 쳐졌다. 데자뷔(Dejavu)가 현실이 될까 봐 생각하는 것조차 힘들었다. 불쾌한 마음을 깨끗이 비워내는 생각의 청소가 필요하다.

우리가 살면서 만나는 끔찍한 위기는 건강 악화, 수술, 사별, 이별, 재앙, 재난, 사고, 파산, 사기, 해고, 파혼, 이단에 미혹, 사회적 고립 등 참으로 다양하다.

막상 위기가 닥치면 한동안 멍해지고 어찌할 바를 모르게 된다.

힘겨운 감정에 북받쳐 음식을 먹으면 체할 것 같아 손도 대지 못하는 경우가 대부분일 것이다. 위기를 마주한 모습은 마치 흔들리는 투수 같기도 하다. 상대팀 타자들에게 마구 두들겨 맞고 동점까지 허용한 후 이번 타자와의 대결은 더 이상 물러설 수 없는 마지막 승부가 된다. 평상시 실력이라면 분명 이겨낼 수 있지만 자신감을 잃은 투수는 결국 역전의 안타를 허용하고 강판되어 계속되는 위기를 동료 투수에게 넘기게 된다.

야구는 팀 경기이기에 어려운 순간에 선수 교체가 가능하지만 내 인생에는 나를 교체해 줄 사람이 없다. 마구마구 두들겨 맞아도 위기 앞에 홀로 맞서야 한다. 도움은 받아도 대신은 없다. 물러설 곳 없는 상황에서 홀로 위기를 헤쳐나가야 한다.

위기 앞에서 유난히 강한 사람이 있다.

이들은 힘겨운 상황을 슬기롭게 이겨낸다.

때로는 위기를 기회로 역전시킨다. 그리고 이를 통해 한 단계 성장하는 자신을 만난다. 이들에게는 믿음이라는 비결이 있다. 믿음을 통해 위기에서도 평안을 누리며 자신감 있게 밀고 나간다.

반면 위기를 만나면 도망치는 사람도 있다. 그러고는 위기의 순간에 대한 기억이 사라지길 바라기도 한다. 힘겨운 시간을 흐지부지 피해버리면 위기가 완전히 종결되었는지 아리송

할 것이다. 그저 다시 불거지지 않기를 바랄 뿐이다.

그러나 살면서 경험한 위기의 교훈을 잃어버리면 비슷한 위기를 다시 맞을 수도 있다. 가령 미리 흉년을 대비하지 못해 비싼 소작료를[19] 지불했던 것처럼 앞으로 다가올 경제 위기에는 무조건 버텨야 자본을 지키고 불합리한 구조에 속하지 않을 것이다.

위기를 초래한 원인에는 자신과 무관한 외부 요인도 있겠지만 정당한 원리대로 실행하지 않은 부실이 곪아 탈이 난 경우도 있다. 그래서 위기의 순간에는 자신을 먼저 돌아볼 줄 알아야 한다. 자신에게 어떤 문제가 있었는지를 정리해 교훈을 얻으면 훌륭한 자산이 된다.

---

19) "요셉이 애굽 토지법을 세우매 그 오분의 일이 바로에게 상납되나…"(창 47:26)

22

살며 마주하는 인생의 문제

인생의 문제 중심에는 욕심이 자리 잡고 있다.

삶이 꼬이기 시작하는 원인 역시 무분별한 욕심 때문이다. 그래서 돈, 사랑, 명예, 권력 등에 분명한 원칙을 갖고 지키는 것이 필요하다.

돈에 과도히 집착할수록 본래의 가치를 잃어버린다. 더불어 온정까지 줄어든다. 시선이 온통 돈으로 쏠리는 것에 주의해야 한다.

가령 투자에만 몰두하다 보면 중요한 것을 놓쳐 삶의 균형을 잃게 된다. 치우침에서 벗어나 스스로 중심을 잡기가 쉽지 않다. 돈이 사라진 후에야 결국 제자리로 돌아온다.

사랑도 마찬가지다.

순수함을 잃어버리는 순간 상대를 압박하기 시작한다. 소유하려는 욕심을 비우는 것이 사랑이다. 무엇보다 정욕에 빠져들수록 온전한 이성적 가치관이 황폐해진다.

명예는 타인의 자발적인 인정을 바탕으로 세워진 자산이다.

그런데 여기에 욕심이 더해지면 강요는 물론 허위 이력 등이 붙는다. 이때 스스로를 솔직하게 인정하는지 돌아볼 필요가 있다. 아무리 명예를 자랑해도 정직한 실력이 바탕이 되지 않으면 추한 면모만 드러낼 뿐이다. 명예를 유지하려면 계속해서 노력해야 하지만 명예를 잃는 것은 순간이다. 이후로는 엄청난 구설수를 감내해야 한다.

권력은 사람들에게 힘이 미치는 영향력이다.

그러나 권력욕은 공동체를 지배하려는 일방적 욕망이다. 권력 남용에 맛 들이면 권력의 통제를 따르는 사람들을 가볍게 생각한다. 권력을 정직하게 사용하지 않으면 그것이 올무가 된다.

"패역한 자의 길에는 가시와 올무가 있거니와 영혼을 지키는 자는 이를 멀리 하느니라"(잠언 22:5)

돈과 명예 그리고 권력 자체를 너무 믿으면 배신당한다.

아무리 뒷문이 활짝 열려 있어도 선을 넘으면 초라해지는 법이다. 반면, 권력과 명예를 소중히 지키는 사람은 결코 남을 속이지 못한다.

인생의 문제 가운데 하나는 관계의 어려움이다.

갈수록 인간관계 때문에 힘겹다. 배우자와 관계가 악화되면 자녀와의 관계까지 흐트러진다. 가족 간에 갈등이 심화되면 집안은 차가운 냉기만 흐르고 더 이상 따듯한 위로를 나누지 못하니 큰 에너지 손실이다.

주변과의 관계도 크게 다르지 않다.

일터에서 원만하게 지내던 동료와 마찰이 생겼을 때 그 갈등을 풀지 못하면 관계가 틀어져 서먹해진다. 사회생활을 하다 보면 이렇게 잃어버린 동료가 생각보다 많다.

신앙공동체 안에도 갈등은 존재한다.

서로 다정하게 인사를 나누지만 더 이상의 친함은 없다. 신앙이 같다고 모두가 친한 것은 아니다. 오히려 사소한 의견 차이로 인해 불편하게 지내는 광경도 목격한다.

바쁘게 살다 보니 고향 친구들까지 서먹해졌다.

어쩌다 친구를 만나면 무척 반갑지만 이야기를 나누는 동안에 생각의 차이를 발견하고 서운한 마음이 들 때가 있다. 유년 시절에는 죽이 잘 맞아 단짝이었더라도 사회생활을 하면서 경험과 환경의 차이가 생각의 차이를 만든 것이다.

가족은 물론 주변과의 관계에 지치다 보면 결국 소통에 배

척을 당해 외톨이처럼 혼자서 힘겹게 견디게 된다. 주변 사람
들과의 관계가 서서히 단절되는 것은 신경 써야 할 인생의 숙
제다.

인생의 문제 가운데 정서적 고통은 삶을 황폐화시킨다.

외로움, 무기력, 조급함 등 정서적 고통은 인생의 굽이굽이
마다 따라다닌다.

이 중 가장 힘든 정서적 고통은 외로움이라고 생각한다. 우
리는 여러 사람들과 어울려 살아가지만 끊임없이 고독을 느낀
다. 고독의 순간은 사회적 고립과도 같아 힘겹다.

사람들과 함께 즐거운 시간을 보내고 있어도 외로울 때가
종종 있다.

살면서 자연스럽게 커져버린 책임감만큼 외로움도 키운 모
양이다. 책임이 주는 중압감을 홀로 감당하고자 기를 쓸 때
외로움은 더해간다. 일에 집중할 때 느끼지 못하던 외로움은
한가로운 여유시간이 되면 강하게 밀려온다.

이때 사람들은 미디어를 찾아 미디어 속에서 시간을 보낸
다. 미디어는 무료한 시간을 달래줘 외로운 감정을 잊게 한다.

보통은 마음을 나눌 가까운 사람이 없어서 외로움이 크다
고 생각지만 마음속의 공허함이 외로움을 느끼게 만든다. 내
면을 건강하게 채워야 정서적 안정감을 얻을 수 있다. 내면이
건강하다면 미디어 없이도 외롭지 않다.

무기력에 빠지면 희로애락의 감정이 둔해진다.

예전에는 격하게 반응했던 일이 아무렇지도 않게 느껴질 때가 있다.

무기력증은 정서적 마비 증상과 비슷하다.

그래서 감정을 꾸준히 유지하는 것이 무기력의 늪에 빠지지 않는 비결이다. 무기력에서 탈피하려면 감정을 되돌려야 한다. 의욕 저하로 쳐질 때면 억지로라도 움직여야 한다. 그러면 기력과 함께 감정도 회복된다.

마음에 여유가 사라지면 조급함만 남는다.

그리고 조급함은 또 다른 조급함을 불러온다. 조급함 때문에 성급한 언행을 일삼고 선택을 서두르게 된다. 특히 가진 게 없다고 느낄 때 경제적 손해가 되는 결정을 쉽게 하곤 한다. 나이가 들수록 빈손이 주는 무게는 크게 다가온다. 초라한 형편에 격식을 차려야 할 때면 정서적 자괴감이 확 느껴진다. 그래서 빈손은 부담스러운 인생의 무게다.

인생의 문제에 대한 답을 변화에서 찾으려는 인식이 문제다.

곳곳에서 변화를 외친다.

실제로 우리는 변화무쌍한 세상을 살고 있다. 급변하는 세상에 홀로 정체된 것 같고 변화를 쫓지 못하면 도태될 것 같아 두렵다. 하지만 맹목적인 변화는 문제를 일으킨다. 원칙 없는 무모한 변화가 부작용을 야기해 평온한 삶을 망가뜨린다.

그래서 변화보다 중요한 것은 현재 자신의 삶에 충실한 것이다. 트렌드에 휩쓸려 따라가는 게 아니라 내가 가진 장점들을 돋보이게 키우는 것이 중요하다. 나에게 잘 어울리는 것을 계속 발전시키는 것이 변화의 움직임보다 더 필요하다.

세상은 창의적인 것에 특별 대우를 한다.

만약 변화를 통해 창의적 결과를 얻으려면 이에 걸맞은 노력을 해야 한다. 핵심은 생각을 바꿀 수 있는 마인드가 되는지이다. 생각을 바꾸지 않으면 원하는 모습으로 변화하지 못한다.

불확실성 가운데 선택해야 하는 것이 인생의 문제다.

잘 결정하고도 확신을 갖지 못해 갈팡질팡하다가 끝내 결정을 번복해 버린다. 불확실성이 주는 불안은 선택할 때마다 계속된다.

'이대로 결정해도 될까?'라는 걱정이 사라지지 않는다.

그리고 선택한 것을 책임져야 하는 순간에 '만약 다른 선택을 했다면 어땠을까?'(역대상 21:12)라는 미련을 떨치지 못한다.

투자를 포기하는 이유도 불확실성 때문이다.

자신의 판단에 확신이 들다가도 작은 리스크를 생각하면 확 움츠러든다. 불확실성은 결정을 미루게 만들고 그렇게 망설이다가 사라져버린 기회가 아쉬워 땅을 치고 후회하게 만든다. 자신의 판단을 믿는다면 용기를 내서 도전해야 한다. 그래야 소득을 떠나서 얻는 것이 많다.

불확실성은 마치 짙은 안개처럼 시야를 답답하게 가리지만 그래도 계속 발걸음을 내딛다 보면 목적지가 보인다. 결국 불확실성을 분명하게 만드는 것은 용기 있는 도전이다. 그래서 우리는 도전을 미룰 수 없다.

사실 우리의 안목으로는 불확실해 보여도 실상은 확실한 것이 많다. 대표적으로 인생에서 가장 중요한 구원만큼은[20] 확실한 해답이 있어 다행이다. 그것은 기록된 약속이다.

인생의 궁극적인 문제는
목적대로 살고 있는가에 대한 의문이다.

열심히 살아도 인생의 목적을 모를 때가 있다.

목적도 모르는 열심을 느낄 때마다 허탈하다. 목적을 안다고 해도 목적대로 살고 있는지가 의문이다. 전력을 다해봐도 뜻대로 풀리지 않으면 목적에 대한 신뢰가 아리송할 뿐이다.

한편, 목적은 정체성에 대한 질문으로 연결된다. 이는 자신이 누구인지를 아는 것이다. 자신의 정체성에[21] 대한 믿음이 확고해지면 비록 일상의 모습이 흔들린다 해도 현재의 삶에는 분명한 목적이 있음을 알게 된다. 그 목적을 찾는 것은 개

---

20) "이르되 주 예수를 믿으라 그리하면 너와 네 집이 구원을 받으리라 하고"(행 16:31)
21) "그러나 너희는 택하신 족속이요 왕 같은 제사장들이요…이제는 하나님의 백성이요…"(벧전 2:9-10)

인의 몫이지만 이를 깨닫고 살아간다면 그 인생은 차원이 다를 것이다.

인생 항로는 죽음까지 이어진다. 마치 긴 항해를 마치고 항구에 도착한 배와 같이 영원한 안식에 거하는 것이 죽음이다. 하지만 죽음을 떠올리면 두려움에 확 움츠러든다. 죽음이 가까워오면 그동안 살아온 인생 여정을 돌아보게 될 것이다. 털어내고 싶은 마음의 짐이 있다면 조금이라도 건강할 때 해결해야 한다.

죽음은 모든 인생의 문제를 한꺼번에 마감시킨다. 생전에 풀지 못했던 오류들은 사후에도 피해를 끼쳐 자칫 오명으로 남는다. 그래서 죽음도 아름답도록 신경 써야 할 이유이다. 이것이 타인을 위한 배려라면 자신을 위한 죽음 준비는 정체성을 일깨워준 그분을 믿는 것이다.

23

빛을 발하라!

유년 시절 고향에는 가로등이 하나도 없었다.

한여름 밤, 친구들과 물고기를 잡으러 컴컴한 논둑길을 따라 일렬로 나아갈 때 선두에 선 친구가 랜턴을 잘 비추어야 일행이 논두렁에 빠지지 않는다. 그만큼 선두에 선다는 일은 수고를 더한다는 뜻이다.

한 번도 앞장서지 않으면서 뒤따라오며 랜턴을 잘 비추라고 투정을 부리는 얄미운 친구가 있었다. 자신은 앞장서는 것이 두렵다는 핑계를 댔지만 자신의 랜턴 배터리를 아끼려는 속셈이 보였기에 친구들의 핀잔이 거셌다. 사회생활을 하면서 남의 불빛에 의지해 살아가는 사람을 보면 유년 시절의 이때가 떠오른다.

학교 다닐 때 조별 공통 과제가 주어졌다. 조원들이 공동으로 과제를 해야 하지만 어떤 학생은 과제를 완성하는데 조금도 기여하지 않고는 최선을 다한 학우들의 수고로 좋은 점수를 받기도 한다. 이렇게 무임승차를 한 학생도 언젠가는 자신만의 빛으로 살아가야 한다. 그래서 학생은 수업료를 내는 동안 배워야 한다. 그렇지 않으면 좋지 않은 습관은 평생토록 이어질 것이다.

직장 상사의 눈치를 보며 적당히 일하는 태도는 습관으로 굳어질 수 있다. 처음에는 불편한 마음이 들겠지만 맡겨진 일이 적으니 갈수록 편해질 것이다. 비록 현재는 자신의 수고보다 많은 임금을 받으며 편하다 할지라도 오늘의 평판이 미래를 어둡게 만들 것이다. 누구나 현재의 자리에서 실력을 키워야 한다. 그래야 빛을 발할 수 있다.

**오랫동안 갈망하고 탐내던 자리를 맡았는데
처음의 순수한 마음을 잃어버리면 빛이 사라진다.**

그도 처음에는 원칙을 준수했을 것이다. 그러나 시간이 흘러 초심을 망각하자 욕심을 채우느라 방향을 잃었고 공동체 구성원들은 리더의 눈치를 보며 우왕좌왕이다. 이렇게 소신을 펼치지 못하는 분위기로 굳어진 공동체는 활력을 잃고 움츠려 들게 마련이다.

이런 공동체의 구성원들은 더이상 리더를 따르지 않았다.

인정받지 못한 리더는 상실감에 쓰러져 더 이상 일어나지 못하는 최악의 결과를 냈다. 리더는 공동체를 잃었고 공동체는 리더를 버렸다. 공동체는 성과만으로 리더를 평가하지 않는다. 리더의 인격까지 꼼꼼하게 살핀다. 비록 만족한 성과를 내지 못한다 해도 섬김과 사랑으로 공동체를 돌아보았다면 어떻게 리더를 버리겠는가? 진짜배기는 모두가 건드리지 않는다. 그런 차원에서 '나는 신뢰의 빛을 지키고 있는가?'라고 자문한다.

누구나 앞서면 앞서는 만큼의 책임이 있다.

눈이 내린 아침, 소복이 쌓인 눈 때문에 도로의 차선이 보이지 않을 때 그 길을 처음 달리며 타이어 자국을 남긴 차량의 책임감을 생각했다. 정확하게 길을 달려야 뒤따르는 차들이 위험하지 않다. 뒤차는 앞차가 새긴 바퀴자국을 따라간다. 만약 첫차의 스노우 바퀴자국이 반대편 차선으로 향했다면 뒤따르는 차들 역시 그 길로 가다가 대항차를 만나 아찔하게 피해 갈 것이다. 순간 '낭떠러지를 향해 길을 냈다면…'이라는 생각을 했다.

혹시라도 나에게 선두의 임무가 주어졌다면 뒤따라오는 사람들을 낭떠러지로 인도하고 있지는 않은지 살펴야 한다. 특히 리더로서 공동체를 향해 다짐했던 약속이 있다면 충실히 감당해 신뢰를 지키는 것이 책임을 감당하는 것이다. 이것이 리더의 불빛이며 타이어 자국이다.

돕는 역할이라면 주어진 역할에 충실해야 한다.

대중의 주목과 스포트라이트를 받는다고 해서 참모가 리더처럼 행동한다면 곤란한 경우에 빠질 수 있다. 사람들의 관심에 반응하며 스스로를 높이는 행위는 결국 추한 꼴을 만들게 된다. 만약 나귀가 착각하여 열광에[22) 흥분했다면 우스꽝스러운 모습이었을 것이다. 하지만 나귀는 본연의 역할만 했다. 비록 주목을 받지 못할지라도 내 몫의 역할을 감당한다면 아름다운 동행일 것이다. 마치 은은하게 비추는 등불처럼 말이다.

이런 관점에서 교회의 본질은 복음의 메시지가 우선이다.

그런데 지극히 일부 교회가 행한 정치 집회는 복음의 빛을 약화시켰다. 이로써 세상이 교회를 걱정하고 있다.

이제는 실추된 명예를 돌아보며 교회는 본질로 돌아가야 한다. 그것이 길이다. 교회의 정치화가 대립을 키웠다면 복음은 빛으로 세상을 밝힌다.

이 세상에는 누구나 감당해야 할 빛이 있다.

그런데 그 빛이 줄어들지 않도록 한결같이 유지하는 것은 보통 어려운 일이 아니다. 하지만 그 빛을 지킬 때 우리의 모습은 가장 빛난다. 또한 그 빛을 비추는 것이 우리의 책임이다. 책임을 잃어버리면 아름다움도 사라진다.

---

22) "앞에서 가고 뒤에서 따르는 자들이 소리 지르되 호산나 찬송하리로다 주의 이름으로 오시는 이여"(막 11:9)

24

손에 쥔 것

꽃을 쥐면 마음이 새롭다.

꽃다발을 손에 들고 걸어가는 동안에 마주치는 사람들의 시선이 쑥스럽다.

그러나 꽃다발을 받을 사람의 표정을 짐작하니 설렘의 미소가 지어졌다. 축하, 사랑, 감사, 위로 등의 마음을 담은 꽃다발은 그 효과가 확실하다. 꽃다발을 통해 내 마음이 잘 전달되어 행복해하는 상대를 볼 때면 마음이 더욱 흐뭇해진다. "고마워"라는 상대의 인사를 받고는 나도 모르게 꽃다발에게 감사의 인사를 나누었다.

**퇴근길에 아이들이 좋아하는 과자를 한 아름 사서
집으로 걸어가며 좋아할 아이들의 모습이 떠올라
입가에 미소가 넘친다.**

내 손에 들린 검은색 비닐봉지를 보고는 환호하며 봉투를
열고, 과자를 꺼내고, 맛있게 먹는 아이들의 모습을 보며 마치
어미새가 된 기분이 들었다. 아이들은 아빠 손에 들린 검은색
비닐봉지에는 무조건 맛있는 게 들려있다고 믿는다.

결혼 전에는 비닐봉지를 쥐는 자체를 질색했다. 아빠가 된
후 가족을 위해 무언가를 사면서 비닐봉지와 친해졌다.

특히 검은색 비닐봉지는 내용물이 보이지 않기에 궁금증
을 유발하는 매력이 있다. 유년 시절 엄마 손에 들린 검은색
비닐봉지에 무엇이 있을까 궁금해 쪼르륵 달려가 열어보았던
기억이 난다. 비록 바라던 간식이 아니었어도 검은색 비닐봉
지에는 가족을 향한 사랑이 담겨있다.

**특별한 분의 입원 소식을 듣고 평소에 좋아하시던
간식을 손에 들고 병문안을 갔다.**

어떠한 위로의 말을 전할까 생각하다가 함께한 추억이 떠
오르며 손에서 힘이 빠졌다. 그 순간 손에 들고 있던 간식을
놓칠 뻔했다. 병원에 도착해 정성을 다해 위로를 했다. 오늘 내
가 준비한 간식이 단순한 먹거리가 아니라 사랑을 담은 에너
지가 되어 건강을 회복하는데 좋은 작용을 할 것이라고 생각
했다. 그래서 함께 해먹던 간식을 준비했다. 누구나 그렇겠지

만 병문안을 위해 준비한 간식에는 건강을 되찾기 바라는 간절한 마음이 담겨있다.

아기가 울기 시작하면 무조건 행동이 신속해야 한다.

육아에 지쳐 곤히 잠든 아내를 깨우지 않고 혼자서 대처할 때면 더욱 신속해야 한다. 배고파 울고 있는 아이를 안아서 달램과 동시에 신속하게 분유를 타야 한다. 젖병에 분유를 넣고 끓은 물을 넣기 위해 잠시 아이를 바닥에 내려놓자 아이의 울음소리가 커졌다.

그렇다고 해서 당황하면 안 된다. 침착하게 끓는 물을 젖병에 부어 거품이 생기지 않도록 살살 흔들어 분유를 녹인다. 찬물을 타서 손등에 분유를 한 방울 떨어뜨린다. 온도가 적당하면 아이를 다시 안아서 입에 물리기까지 신속한 과정이었다. 아이는 배가 고팠는지 금세 바닥이 보일 정도로 잘 먹는다. 그렇게 배를 채운 아이는 방긋 웃는다.

이제는 트림을 시키며 능숙한 아빠로 거듭난다. 그런데 이게 시작이다. 아이가 성년이 될 때까지 아이를 위한 헌신은 쉼이 없다.

분주한 일상에서 모처럼 시간을 내어 책 한 권을 들고 카페로 향하는 발걸음이 기분 좋다.

커피를 마시며 오래전 접어 두었던 페이지를 다시 펴서 읽으니 특별한 행복이 밀려왔다. 지금 보는 내용을 예전에 읽었던 줄거리와 연결하려고 기억을 더듬다가 이 모든 과정까지 행복이라는 생각이 들었다.

카페와 책….

이 분위기가 무척 고상하게 느껴졌다. 그래 아무리 일상이 분주해도 자주 책을 들고 나오겠다고 다짐했다. 물론 언젠가 또다시 똑같은 다짐을 하겠지만 오늘이 행복해야 다음도 기약할 수 있음을 새삼 깨닫는다.

손에 쥔 해고 통지서를 전달하는 고용주의 마음은 어떨까?

경영상 중대한 결정이라 위안 삼아도 지난날 함께 고생했던 기억을 떠올리면 마음이 무거울 것이다. 통지서를 전달할 때 직원의 침통한 표정에서 생계를 책임져야 할 가장의 무게를 느낀다면 그 기억은 쉽게 잊히지 않을 것이다.

풍랑을 만나 배의 무게를 가볍게 만들기 위해 배 안의 도구들을 바다에 던져버렸다. 그 후 폭풍이 물러가고 바다가 고요해지면 바다에 던져버린 도구가 필요해 생각나기 마련이다. 버려도 되는 것과 힘들어도 지킬 것은 잘 구분해야 한다.

해고도 마찬가지다. 신중해야 한다. 조금 힘들더라도 소원의 항구까지 함께 가는 것이 행복한 여정이다. 함께한 사람들로 인해 인생이 풍성해지기 때문이다.

복수를 위해 범행 도구를 챙겨
손에 들고 떠나는 마음은 어떨까?

뉴스를 통해 끔찍한 사건이 보도되었다.

'어떻게 저런 마음을 먹었을까?'라는 생각에 이해할 수는 없지만 마음속에 증오를 품고 살아가는 자체로 그 삶은 충분히 비참했을 것이다. 복수 또는 용서라는 갈림길에서 어떤 선택을 하든지 결국은 스스로를 위한 것이다. 복수를 품고 실행하면 그때부터 깊은 수렁에 빠져들게 된다. 비극의 결과는 참담할 것이다. 이것은 끝이 아닌 새로운 시작이기 때문이다.

그런데 용서는 마음먹기가 쉽지 않지만 스스로를 위해서는 훨씬 유익하다는 것을 언젠가는 알게 된다. 만약 미워하는 마음이 지나쳐 복수하고 싶은 마음이 있다면 빨리 버리는 것이 좋다. 용서는[23] 사람이 할 수 있는 최고의 가치 있는 선택이다.

손에 쥔 것에 따라 심리적인 영향이 행동에 미친다.

손에 필기구를 쥐고 있으면
새로운 것을 기록하려고 집중한다.
손에 커피를 들고 있으면
상대에게 무슨 말을 건넬까 생각한다.
손에 피켓을 들고 있으면

---

[23] "노하기를 더디 하는 것이 사람의 슬기요 허물을 용서하는 것이 자기의 영광이니라"
(잠 19:11)

요구가 관철될 때까지 외쳐야 한다고 믿는다.

손에 리모컨을 들고 있으면

채널을 돌리다가 서서히 눕게 된다.

손에 고무장갑을 끼고 있으면

남편으로서 잘하고 있다고 생각한다.

자녀라면 엄마한테 칭찬받고 싶을 것이다.

이렇듯 손에 있는 것에 따라서 행동이 달라진다.

현재 내 손에 쥐고 있는 것이 내 입장은 물론이고 상대의 입장에서도 점검해야 한다. 어느 쪽에도 유익하지 않다면 빨리 내려놓아야 한다. 이것이 행복에 도달하는 인생 비결이다.

내가 손에 쥐었던 것들 중에서 가장 행복했던 것은 무엇일까? '로또 1등에 당첨됐다면 좋았을까?'라고 생각하다가 갑작스러운 큰돈을 감당할 능력이 없다면 재앙이 될 수 있다고 생각했다. 반면 오늘의 행복을 가져온 것은 일터에서 손에 쥐고 부지런히 수고한 덕분이라고 믿는다.

PART 2

성장과 비전의 곳간

"

성장과 비전에 관한 생각으로
도전, 변화, 적응, 극복, 노력, 성숙, 숙성, 인정, 좌절, 통찰, 관심 등을
담은 곳간이다.

"

1

1호선 전철

"이번 역은 구로, 구로역입니다. 내리실 문은 왼쪽입니다."

안내 방송 후 문이 열렸고 승객 중 숙녀 한 분이 내 눈에 들어왔다.

천천히 걸어서 내게로 다가올 때 '제발, 그냥 지나가기를…' 이라고 바랐지만 그녀는 내 앞에 멈추었다. 오른쪽 어깨에 가방을 메고 손에는 커피를 들었다. 왼쪽 팔에는 에코백을 걸친 채 왼손의 핸드폰에 시선을 고정한 모습이 무척 불안했다. 자리를 양보하려고 생각하는 그 순간 내 바지에 커피가 흐르고 있었다.

다행히 커피는 많이 식었고 마침 나는 검은색 바지를 입고 있었다. 그녀는 가방을 열어 수두룩한 잡동사니 속에서 물 티

슈를 찾는 듯 보였다. 그런데 이미 없는 것을 알면서 가방을 뒤지는 것 같았다. 아마도 현재의 상황에서 내 시선을 피하는 눈치였다. 나는 가방에서 물티슈를 꺼내 닦으며 괜찮다고 말했다.

사람은 용기가 부족하면 시선을 마주칠 수 없다. 특히 최소한의 조치를 못할 때 난처함을 피하고자 딴짓을 하게 된다.

처음 전철을 탄 중학생 때 약간 밀미를 했다.

서있는 동안에 손잡이를 꼭 붙잡은 내가 촌놈으로 느껴졌다. 전철 통로에 서서 중심을 잘 잡고 있는 승객들의 모습이 멋있어 보였다. 전철을 오래 타다 보니 균형 감각이 생긴거라고 생각했다. 새로운 경험을 할 때면 나와 다른 모습을 분석하는 버릇이 있다.

시골에서 버스만 타다가 전철은 놀라운 경험이었다.

전철을 이용하는 사람들이 달리 보였다. 마치 처음 접하는 음식을 앞에 두고 어떻게 먹을지 몰라 다른 사람들의 행동을 흘끔흘끔 따라 하는 것처럼…. 전철 손잡이를 놓자 넘어질 것 같았다. 오래 타면 균형 감각이 생길거라고 생각했는데 아니었다. 지금도 매일 전철을 이용하지만 손잡이를 잡아야 안정감을 느낀다.

전철은 독서의 공간이다.

평소 아무리 피곤하고 졸려도 도착 역을 지나치지 않는다.

그런데 책에 몰입하다 보면 수시로 도착역을 지나친다. 전철은 도서관만큼이나 집중이 잘 된다. 이동시간이 무료할 수 있는데 독서로 시간을 보내니 전철이 좋다. 자투리 시간이라고 생각했는데 이 또한 쌓이니 책꽂이에 책이 늘었다. 그리고 생각의 깊이도 자랐다. 그러다 책을 쓰고 싶은 마음이 전철에서 들었다.

전철은 정확한 시간이 보장되는 운송 수단이다.
자동차를 이용하면 교통 정체로 인하여 도착 시간을 맞추지 못할 때가 많지만 전철은 정확하다. 이외에도 다양한 장점으로 전철 이용자가 많다 보니 출퇴근 시간에는 마치 밀가루 반죽을 보는 것 같다. 플랫폼에서는 긴 반죽처럼 펼쳐져 있다가 열차 문이 열리면 한 덩어리로 뭉친다. 그렇게 되면 책을 펼칠 수 없어 슬프다.
전철을 오래 타다 보니 방법을 터득했다.
출입문이 열리고 승객이 내리고 타는 동안 손잡이를 향해 파고드는 것이다. 손잡이를 잡는다면 책을 펼칠 공간도 생긴다. 그리고 자리에 앉을 수 있는 기회까지 기대할 수 있으니 나는 손잡이 아래 서는 것이 좋다. 좌석은 한정되어 있는데 앉고 싶어 하는 사람이 많은 전철 공간을 볼 때면 마치 우리가 오르고 싶은 자리에 모두 도달하지 못하는 현실과 같다는 생각을 한다.

전철은 시간 싸움이다.

아침이면 이른 시간부터 많은 인파가 몰린다. 플랫폼으로 들어오는 열차를 놓치고 다음 열차를 기다릴 때면 유독 시간이 길게 느껴지는 건 나뿐이 아닐 것이다. 눈이 내리는 겨울에는 바닥이 미끄러워 종종걸음을 분주하게 옮겨 열차 시간을 맞추느라 고생을 한다. 1호선 전철의 지상 플랫폼에서 겨울 추위를 견디는 고통을 알기에 승객들의 뒷모습이 짠하다.

전철의 좌석은 먼저 타는 사람에게 선택권이 있다.

출입문이 열리면 신속하게 움직여 빈자리에 앉는다. 그러고는 대부분 고개를 숙인다. 이른 아침일수록 더 그렇다. 새벽잠을 끊고 나오니 피곤함이 몰려들기 때문이다. 그래서 출근 시간에는 자리 양보를 못하는 상황을 이해한다.

퇴근길 상황도 비슷하다. 지친 퇴근길 전철에 몸을 싣고 서서 가다 보면 다리가 아프다. 그럴 때는 나보다 먼저 내리는 사람들이 부럽다. 계속해서 서울의 중심에서 멀어질수록 다리는 아파가고 집값은 내려간다.

이용객이 많다 보니 사소한 시비를 목격하기도 한다.

좁은 공간에 많은 사람들이 몰리면서 불쾌한 접촉으로 인해 시비가 생기고 가끔은 서로 참지 못해 고성이 오가다가 폭행으로 이어지기도 한다.

한 번은 학생이 머리가 희끗희끗한 어른을 공격했다. 우리

때와는 달리 어른들을 함부로 대하는 현실을 보며 가정과 학교의 총체적 문제라는 생각이 들었다.

아주 가끔은 전철 선로에서 사상 사고가 발생하기도 한다. 그러면 사고를 수습할 때까지 운행이 중단된다. 누군가의 삶의 마지막 장소가 선로라니…. 플랫폼으로 들어오는 열차와의 충돌 가능성을 차단하기 위해 역마다 스크린 도어를 설치한 것은 바람직하다고 생각한다. 또한 추락하면 생명과 직결되는 위험한 장소에는 사람의 접근이 차단되어야 한다. 왜냐하면 극단적인 선택의 경우, 마음먹었을 때가 지나면 결심이 누그러지기 때문이다.

또 한 가지, 배차 간격의 편성은 콩나물시루 같은 좁은 공간에 갇혀 고통받는 이용객의 안전을 위해 고려되어야 한다고 생각한다.

"지금이 1970년보다 달라진 게 있나?"

누군가 이렇게 말했다. GTX 시대를 열고 있지만 한편으로 1974년 개통된 1호선 전철이 우리 사회의 단면 같다는 생각이 든다. 겨울에 전철 출입문이 열리면 밖의 냉기가 그대로 들어와 전철 안의 온기를 모조리 빼앗아간다. 영하의 날씨에는 가끔 출입문 모터가 말썽을 부려 문이 열리지 않을 때도 있다. 나에게는 이런저런 1호선 전철의 추억이 많다.

1호선 전철처럼 당장 어쩌지 못하는 구조적 한계가 우리 사회에 존재한다. 우리는 뿌리 깊은 문제를 해결하지 못하고 산다. 사실 직접 관여하지 않으면 무엇이 문제인지 파악할 수도 없다. 지하철이 대안이 되겠지만 기본을 통째로 바꾸는 일은 쉽지 않기에 1호선 전철을 볼 때마다 답답하다. 지상철이 지나는 구간은 좌우가 완전히 분리된 느낌으로 도심의 삭막함을 느끼게 한다. 하지만 분명 우리 사회는 조금씩 변하고 있다. 조금씩 바뀌는 것이 불만인 사람들에게는 답답하겠지만 그래도 후퇴하거나 멈추는 것에 비해서는 희망적이다. 스스로에게 '1호선 전철 같은 문제는 무엇일까?'라고 자문하며 자신의 문제를 변화시키는 것이 사회 문제를 풀어가는 열쇠이다.

2

쉽게 해결되지 않는 문제

쉽게 해결되지 않는 문제를 만났다.

이렇게 저렇게 여러 각도로 노력했지만 해결되지 않았다.

이렇게 골치 아픈 문제를 붙잡고 씨름하는 과정은 정말 피곤하다. 처음에는 간단한 문제로 보였지만 해결의 한계에 봉착했다. 문제 해결의 실마리를 찾기가 쉽지 않았다. 본래의 문제를 해결하면 곧바로 다른 문제가 생겨 허탈감이 밀려왔다.

한 편으로는 다행이라는 생각도 들었다.

처음에 보이지 않다가 시간이 지나서야 발견되는 문제를 감당하기 위해서는 어마어마한 에너지가 필요하기 때문이다. 이런 문제들은 시중에 판매된 제품들의 부적합 사례에서 찾을 수 있다. 처음부터 문제를 만들지 않으면 되지만 완벽이란 결코 쉽지 않으며 잠재된 문제 역시 쉽게 눈에 띄지 않는다.

문제가 생기면 원인 분석을 위해 본래 문제에 최대한 집중해야 한다. 문제의 초점에서 벗어나면 다른 문제들까지 새롭게 보인다. 그러면 본래 문제에 집중하는 것이 어려워진다. 원인 분석을 명확하게 못하면 포괄적인 해결 방법으로 문제를 땜질하게 된다. 그러면 별다른 도리 없이 완벽한 해답을 찾기까지 비용을 감당해야 한다.

그런데 문제를 해결하고 나면 해법은 참으로 단순한 것이었음을 깨닫는다. 단순한 해법을 어쩜 그렇게 어렵게 찾아낸 것인지 쓴웃음이 나올 때가 많다. 하지만 부수적인 문제를 만들지 않고 해당 문제만 골라서 해결한 것은 칭찬할만하다.

그래서 문제를 정확하게 보는 안목으로 접근해 해답을 얻고 검증하는 일련의 과정을 잘 진척시키는 사람은 어디서나 환영을 받는다. 문제 해결 능력은 많이 경험할수록 잘한다. 시작은 문제를 바라보는 시각인데 문제를 가볍게 보거나 확대시키지 않고 있는 그대로 바라보아야 한다.

사람을 바꾸는 것은 쉬운 문제가 아니다.
사춘기 자녀들의 행동이 꼴 보기 싫어 잔소리를 하지만 소용이 없다.

잔소리를 듣고 한동안은 지켜지지만 얼마 못가 제자리로 돌아온다. 사춘기 자녀들에게는 뜸 들이는 시간이 필요하다.

그동안 바른 인성의 본을 심었다면 기다림의 결과가 좋을 것이다.

공동체 속에서도 사람들은 결코 내가 원하는 대로 움직이지 않는다. 서로 적당한 양보가 필요한데 그렇지 않으니 갈등만 깊어진다. 갈등 역시 쉽게 해결되지 않는 문제다. 서로 좋다가 한번 어긋나면 갈등을 극복하지 못하고 그만 인연이 끊어지기도 한다.

하물며 지역 공동체의 갈등은 극한 대립으로 치닫기도 한다. 여기에 프레임을 씌워버리면 영원히 끝나지 않는 대립의 미래가 시작된다. 소강기가 있더라도 갈등은 사라지지 않는다. 필요한 때마다 정치적으로 활용되기 때문이다. 그래서 우리는 프레임에 흥분하지 않는 중심이 필요하다.

프레임에 이성을 잃으면 당하고 만다. 그들은 목적을 달성하면 치열했던 프레임을 사그라지게 만든다. 계속되면 모두를 지치게 만들기 때문에 이제부터는 통합을 강조한다.

굴레에서 벗어나는 것은 쉽게 해결되지 않는 문제다.

오랫동안 가난하게 살았다면 숙명이라 여기며 희망이나 꿈이란 그저 부질없는 바람이라며 체념한다. 아마도 가난에서 벗어나기 위해 체계적인 계획까지는 아니더라도 생각한 것들을 여러 차례 시도했을 것이다. 그러나 뜻대로 되지 않자 보통 어려운 일이 아니라는 것을 깨닫고 나서는 더 이상 계획을 세우지 않았을 것이다.

오랫동안 가난에 머물다 보면 거지근성에 사로잡힌다. 뭐든지 내 입에 먼저 넣기 바쁘고 조금도 손해 보지 않으려 작은 이익을 챙기기 바쁘다. 하지만 이런다고 해서 형편이 달라지지는 않는다.

> **"무릇 있는 자는 받아 풍족하게 되고 없는 자는 그 있는 것까지 빼앗기리라"(마태복음 25:29)**

빈부격차의 양극화 해소는 쉽게 해결되지 않는 문제다.

기울기가 형성된 갑과 을의 관계나 출생부터 형성된 금수저와 흙수저의 격차는 개인의 노력으로 쉽게 극복되지 않는다. 양극화는 갈수록 심화되고 있다. 결국 우리 사회의 을이나 흙수저들은 생존을 위해 자본주의 미소를 지니고 살아간다.

"웃기 싫으면 장사하지 마라."

이 말의 핵심은 넉넉한 마음이다. 경제적 이득을 위해 가식적인 웃음을 담지 말고 진심으로부터 전달되는 미소가 고객을 만족스럽게 한다는 뜻이다. 때문에 정성을 다해 섬기고 정직하게 장사하라는[24] 의미까지 담고 있다.

---

24) "너는 네 주머니에 두 종류의 저울추 곧 큰 것과 작은 것을 넣지 말 것이며"(신 25:13)

하지만 우리의 현실은 말 그대로 웃고 있지만 웃는 게 아니다.

때로는 화가 치밀어도 직업상 억지로 웃고 있을 때가 많다. 고객에게 항상 밝은 미소로 대하는 친절은 힘든 감정노동이다. 불편한 감정을 참으며 억지로 웃는 것까지 보수에 포함되니 돈 벌기가 힘들다.

자본의 논리에 흡수된 자본주의 미소는 행복한 미소까지 희석시킨다.

처음에는 부자연스럽지만 곧 두 미소 간의 차이가 드러나지 않는다. 슬퍼도 웃을 수 있고 기뻐도 자연스럽게 가짜 눈물을 흘리는 것은 자본주의가 만들어낸 연극이다.

끔찍한 자본주의 속성이 움직이면 사람은 돈 앞에서 비굴해진다. 돈을 벌기 위해서는 파렴치한 행동은 물론 비상식적인 위법 행위까지 일삼는다. 자본주의가 사람을 괴물로 만들어간다는 경고다.

저성장 시대에는 정부 주도의 정책들이 수립된다.

이 정책을 통해 만들어진 일자리는 양질의 안정된 일자리가 아니다. 때문에 자본주의의 미소를 붙잡고 버티어도 불안한 자리다.

미래에 대한 불안은 꿈을 향한 도전보다 철밥통이라는 공무원이 되고자 하는 공무원 시험 준비생들을 양산한다.

'공무원이 로망인 나라가 희망이 있을까?'라는 생각을

한다.

경제 활성화에는 역량 있는 젊은 열정이 필요하다. 또한 발빠른 대응 전략 수립과 혁신이 기업의 사활을 결정한다. 창의적인 아이디어가 새로운 가치를 만들고 산업을 키운다. 이 흐름을 계속해 리드해야 경제 대국을 유지하며 양질의 고용을 확보한다.

그러나 현실은 로봇이 사람의 일자리를 빼앗아가고 있으며 앞으로 심화될 것이다. 장기적인 관점에서 로봇의 비용은 사람보다 저렴하며 향상된 품질과 서비스를 제공한다. 언제나 고도의 산업화가 장인을 위협해왔다. 그러나 우리는 일을 통해서 존재해왔다. 우리는 분명 로봇보다 가치 있는 존재다.

미래 정책을 펼칠 때 자본주의 미소가 요구되는 일보다 창의적 아이디어를 발굴하는 일자리에 젊은 열정이 가득하길 소망한다. 경제하기 비옥한 토대를 만들어서 근로 의욕이 넘치고 제조업의 본국 회귀(Reshoring)가 증가하도록 정부의 지원이 있기를 갈망한다.

저평가를 높이는 것은 쉽지 않은 문제다.

'저평가'라고 하면 현재의 수준은 상대적으로 낮게 평가되었지만 미래에 경제적 이득을 가져올 것으로 기대되는 것을 일컫는다.

가장 대표적인 것으로 유동성이 집중되는 주식이나 부동

산이 떠오른다. 저평가라는 말에는 가치 상승의 기대가 담겨 있다. 그러나 미래에 천지 개벽하듯 가치가 높아지려면 좋은 변화가 계획되어야 한다. 이럴 때 관심이 증폭되고 소유하려는 움직임이 많아진다.

국가 역시 저평가에 관심을 가져야 한다.

국가적 측면에서는 저평가된 분야를 향상시켜야 부강한 나라가 된다. 마찬가지로 가치를 높이려면 관심이 증폭되어야 하는데 모두가 힘을 합해 향상시킬 분야가 있다.

먼저는 나라를 지키는 안전보장이다. 안보에서 동맹은 너무도 중요하다. 굳건한 동맹은 전쟁을 억제시켜 평화를 유지한다. 동맹의 관계는 군사에서 경제로 그리고 과학으로 계속적인 확대가 필요하다. 무엇보다 안보에서는 국방력과 외교력 강화가 필수이다. 주변국과 대등할 정도의 군사 능력을 목표로 나라를 지킬 실력을 키워야 한다.

긴장 관계에서는 외교의 실패가 전쟁을 부른다.

외교는 명분과 타이밍이 중요하다. 그런데 한반도의 운명을 논의하는 테이블에서 우리의 자리가 없을 때면 외교력이 안타깝다. 2021년 5월 한미 정상회담에서 합의한 한미 미사일 지침 종료는 우리가 미사일 주권을 확보한 것이라는 생각에 뿌듯하다.

군사력을 키우는데 드러나는 한계적 상황은 외교력으로 풀어야 한다. 결국 우리의 실력은 스스로 만들어야 한다는 뜻이다. 모두 힘을 합쳐 후손에게 강한 나라를 물려줘야 한다. 윌슨의 '민족 자결주의'나 '닉슨 독트린'처럼 한반도의 운명은 우리가 알아서 할 것이니 직접 당사국이 아니면 간섭을 거부할 만큼 국방력과 외교력을 가져야 한다고 생각한다.

다음으로 기초 학문이다.

인류의 엄청난 기술 발전은 기초 학문 덕분이다.

기초 학문이 탄탄하면 미래의 어떠한 기술 환경 변화에도 적응할 수 있으며 더 나아가 그 변화를 주도할 것이다. 창의적인 신기술 제품을 만드는 바탕은 기초 학문이다. 그런데 기초 학문 연구는 계속 열악해지는 것이 안타깝다.

기초 학문의 열세는 마치 갈택이어(褐擇而漁)를 떠올리게 한다. 당장 눈앞의 물고기를 잡으려 집중하는 사이에 어장이 황폐화되면 미래가 없다. 어장은 기초 학문이다. 어장을 지키고 풍요롭게 발전시키는 노력이 필요하다.

탄소중립을 위한 신재생 에너지 기술이나 바이오 기술 등에 기초 학문이 바탕되어야 한다. 기초 학문의 위력은 스타트업(Startup)을 통해 새로운 아이디어가 펼쳐지도록 충분한 지원이 필요하다.

다음은 문학이다.

우리는 예전보다 물질적 풍요를 누리고 있지만 그만큼의 행복을 느끼지 못한다. 우리가 잃어버린 것 중에 문학이 있다.

독서량이 줄어가는 슬픈 현실이 그것을 증명한다. 출퇴근 시간 대중교통을 이용하며 주변을 살펴보면 사람들은 문학보다 오락을 가까이한다.

생각해 보면 인생에서 정말 많은 시간을 오락에 쓰고 있다.

그런데 오락의 즐거움은 사람을 바꾸지 못하지만 문학은 우리에게 정서적 만족감을 제공해 삶을 변화시키는 에너지를 제공한다. 문학은 따스한 빛처럼 더불어 살아가는 의미를 제공함으로써 사회 통합에 기여한다. 그래서 우리는 우리의 문학을 후손에게 심어야 한다. 삶이 각박할수록 문학에 관심을 가질 때이다.

주관적인 생각이지만 모두가 힘을 합해 향상시킬 분야로 안보, 기초 학문, 문학을 꼽았다. 지금까지 한 번도 경험하지 못한 첨단 기술을 떠올리는 시대에 어울리지 않는 진부한 목소리 같기도 하다. 또한 먹고사는 현실적인 문제로 각박한 상황에서 미래를 생각할 여력이 크지 않겠지만 다음 세대를 위해서라면 가만히 있을 수 없다. 힘을 내어 부딪혀보는 도전이 ²⁵⁾ 필요하다. 그저 쉽게 해결되지 않는 문제로 방치할 수는 없다.

---

25) "…무엇이든지 너희가 땅에서 매면 하늘에서도 매일 것이요 무엇이든지 땅에서 풀면 하늘에서도 풀리리라"(마 18:18)

3

한 발 차이

한 발 차이는 보통 별거 아니라고 생각한다.

하지만 대수롭지 않게 여겼다가 큰코다치기도 한다.

경우에 따라서 큰 차이가 나기 때문이다.

두 사람은 열심히 뛰었지만 한 발 차이로 열차의 출입문이 닫혔다. 한 사람은 약속시간을 늦은 것이기에 상대에게 양해를 구했지만 다른 사람은 면접을 보지 못했다.

한 발 차이로 뜻밖에 찾아온 기회를 놓치기도 한다.

받아들일 준비가 되지 않았기 때문이다. 결국 한 발을 떼지 못하고 머뭇거리다 기회를 놓친다. 한 걸음이라도 내디뎠다면 탄력을 받아 계속 질주했을 지도 모른다. 다시 오지 않을 기회를 놓치고 나면 깊은 후회만 남는다. 시간이 흐를수록 "그때 했어야 했는데…"라는 아쉬움만 남는다.

평소 마주치면 인사를 건네는 사이였다.

그러다 우연히 오랫동안 이야기를 나누고 난 후 특별한 감정이 생겼다. 고심 끝에 상대에게 다가섰는데 곧바로 한발 물러났다. 그렇다고 사이가 멀어지거나 떠나가지는 않았다. 그저 한 발을 뒤로 물린 채 간격을 유지하려는 상대로 인해 애를 태웠다. 한 발 가까워지는 게 그리 쉽지 않다. 지금의 관계를 유지할지 여부가 내게 달렸다면 한 발 두 발 멀어지다 보면 끝이 보인다.

스포츠 경기에서 한 발 차이는 승부를 가르는 결정적 한 방이다. 야구 경기에서 베이스는 간발의 차이로 "세이프"(Safe)와 "아웃"(Out)이 판정 나는 숨 막히는 접전의 장소이다. 홈 플레이트에서 세이프는 결정적인 한 점차 승리를 만들기도 한다. 그래서 자칫하면 큰 부상의 위험이 따른다. 하지만 결코 포기할 수 없다. 한발 앞서기 위해 면밀히 연구하고 부단히 연습할 뿐이다.

신입사원 연수 중에 백사장에서 달리기 시간이 있었다.

줄곧 내 앞에서 달리던 여직원을 만만히 보고 반환점을 돌아 체력이 고갈될 즈음에 추월하리라 생각했다. 그런데 끝내 한 발 차이를 따라잡지 못했다. 결코 극복할 수 없었던 한 발을 실감하며 운동 부족을 탓했다.

마음과 노력 그리고 재능을 자문했다.

학창 시절 라이벌로 삼았던 친구가 있었다.

나는 경쟁에서 이겨보고 싶은 욕심이 생겼다. 그래서 열심히 했고 자신감도 생겼다. 친구는 나만큼 열심히 하지 않았다고 판단했다. 그런데 막상 결과는 그를 앞서지 못했다. 간격은 크지 않았지만 패배감에 휩싸였다. 경쟁에서 한 발 차이로 상대에게 뒤처질 때면 답답한 마음에 자문한다.

마음이 부족한 것일까?

노력이 부족한 것일까?

재능이 부족한 것일까?

내 마음은 내게 거짓말을 못한다. 마음에서 한 발 차이를 인정했다면 몸은 자연스럽게 반응한다. 마음이 없으면 한 발은 어림도 없다. 마음을 다독이는 처방은 자신감을 갖는 것이다. 마음에서 결코 포기하지 않았다면 다음 순서로 노력을 생각한다. 노력을 점검하자 할 말이 많다.

모든 변명을 버리고 남는 결심만 붙잡고 나아간다. 매번 뒤처질 수는 없다. 노력했던 시간들이 쌓이고 나서 돌아보면 한 발 차이로 앞서고 있을 것이다.

그런데 아무리 노력해도 극복하지 못하는 한계를 느낀다면 재능에 대해 질문해야 한다. 노력으로 해결되지 않는 난관을 만나면 한 발 차이를 인정하자. 다만 멈춰버리는 것이 아니라 지금의 페이스를 계속 유지하는 것이 중요하다. 평안한 마음으로 계속해서 나아가는 행복한 걸음을 유지하는 것이다. 행복한 걸음은 결코 배반하지 않는다. 행복한 걸음을 걷다 보면 예전에 느꼈던 한계 마저도 어느 순간 자연스럽게 넘고 있을 것이다.

'자신의 흐름을 계속 유지하고 있는가?' 자문했다.

흐름을 떠올리면 라인강에서 배들이 연실 오가는 풍경을 하염없이 바라보던 시간이 생각난다. 강물이 도도하게 흐르듯 연속해서 진행되는 현상을 흐름이라 한다. 흐름이 존재하는 영역에서 흐름을 이해하는 것은 중요하다.

투자의 기본은 흐름을 이해하는 것이다. 흐름을 통제할 수 없기에 흐름을 읽어야 원하는 것을 얻을 수 있다.

스포츠 경기에도 흐름이 있다. 뒤지고 있는 경기에도 결정적인 기회는 온다. 이때 흐름을 붙잡아야 승리할 수 있다. 그렇지 못하면 아쉬움이 남는 경기가 될 것이다.

기회가 왔을 때 흐름을 이어가 역전까지 시켜야 강한 팀이다. 이기던 경기에서 상대가 코앞까지 추격해오면 흐름이 중단되길 바라겠지만 역전의 한 방으로 승패가 바뀌는 순간에 팬들은 열광한다. 반면 아쉬운 감정이 북받친다. 뒤지던 경기는 역전시켜야 하고 이기던 경기는 지켜야 강한 팀이 되고 상위권을 유지한다.

인생도 스포츠처럼 성공과 실패를 반복한다. 작은 성공의 경험이 많아질수록 인생의 승률이 올라간다. 이것들이 인생의 가치와 보람을 풍성하게 일구는 밑거름이 된다.

리더십도 흐름이 있다.
산업혁명의 단계마다 리더와 인재상이 달랐다.
그 예로 2차 산업혁명에서 대표적 리더는 에디슨이었다. 당시는 전기와 통신의 발달로 제품의 대량 생산을 시작하는 혁명적인 시기로 화이트 칼라의 역할이 컸다. 3차 산업혁명의 대표적 리더는 빌 게이츠다. 컴퓨터 기반의 패러다임을 선구했고 골드 칼라의 중추적 역할로 IT 산업의 눈부신 성장을 이루었다.
또한 시대를 이끌었던 정치 리더에 따라서 시대에 필요한 인재상이 달랐다. 결국 정권 수호에 필요한 사람이 시대의 인재상이 된다.

사실 어느 때나 필요한 사람을 자리에 세운다.
자신이 좋아하고 잘하는 일에 역량이 준비되어 있으면 쓰임 받을 기회가 찾아온다. 주변에 마구 휩쓸리거나 요동하지 않고 자신이 추구하는 방향으로 흐름을 유지하고 있으면 꿈에 그리던 목표가 멀지 않을 것이다.

4

성숙한 모습

겨울로 접어드는 동안 나무에서 떨어진 나뭇잎은 나무 주변을 포근하게 덮고 있다.

마치 그동안 보살펴준 나무에게 성숙한 마음으로 감사 인사를 하는 것 같다. 추운 겨울이지만 아직도 나무에 달린 마른 잎사귀가 더러 있다. 고독하게 버티는 모습이 마치 함께했던 시절을 추억하라고 상기시키는 듯하다.

떠나버린 사랑이 애달파 힘겨웠던 때 누군가 옆에서 토닥이면 그것조차도 귀찮아 달갑지 않았던 경험이 있다. 이 시기는 마치 낙엽처럼 혼자서 잠잠히 견뎌야 하는 것이다. 그러면 힘들었던 만큼 얻는 것도 클 것이다. 시련의 아픔을 경험했기에 나를 향해 다가오는 관심에 책임을 느끼고 신중하게 대하게 된다. 이는 상대의 고통을 배려하는 성숙함으로 성장한다.

'어느 60대 노부부의 이야기' 노래를 듣다가 문득 아내와 이 땅에서 작별하는 상상을 했다. 그러자 아내와 함께 고생했던 시절이 떠올라 마음이 무거워졌다. 오랜 시간을 동행하며 이해와 사랑으로 품어준 아내의 배려가 많이 생각났다. 어느 부부나 헤어질 시간이 올 것이다.

둘 중 한 사람이 호흡을 마치면 작별은 불가피한 미래다.

둘 중 누군가 먼저 작별을 고하겠지만 나는 내가 먼저 떠나길 소망한다. 아내 없이 홀로 남아 세월을 견딘다는 것이 너무도 힘겨울 것 같아 두렵다. 아내가 떠나고 나면 내게 남은 것은 아무것도 없을 것 같다

그래도 아름다운 작별이라면 이별의 의미는 특별하다. 영화 같았던 부부의 사랑 이야기가 홀로 남은 배우자의 삶을 지탱할 수 있게 한다. 좋은 추억은 행복한 동행을 통해 남긴 아름다운 유산이다. 끝이 아름다우면 모든 것이 아름답게 추억된다.

누구나 살면서 힘겨운 고통의 순간에 직면할 때 이 무게가 사람을 한없이 위축시킨다. 그러나 한편으로는 자신의 연약함을 성숙하게 만드는 기회가 될 수도 있다.

험준한 등산길을 함께한 동료가 지쳤을 때 그의 배낭까지 짊어지자 걸음이 뒤로 처지고 어깨는 끊어질 듯 아팠다. 그렇

게 정상에 도착해 배낭을 내려놓으니 날아갈 듯 어깨가 시원했다. 고통도 그렇다. 고통이 끝나면 홀가분하게 된다.

엉킨 실타래는 끈기를 가지고 차분하게 풀어야 한다.

처음에는 차근차근 풀었는데 어느 순간 진전이 없자 실을 마구 당겨서 엉킨 실을 더욱 뭉치게 만들었다. 결국 실타래를 더 이상 풀지 못하고 가위로 잘라냈던 유년 시절의 기억이 있다. 그래서 방패연을 창공으로 높게 띄우지 못했다. 지금이라면 성숙해진 여유로움으로 끝까지 풀었을 거라고 생각한다.

세상에는 엉킨 일들이 참 많다.

엉켜버린 일들을 풀지 못하면 마치 가위로 잘라낸 실타래처럼 끊긴다. 사람과의 갈등도 마찬가지다. 풀다가 뜻대로 되지 않으면 절교하게 되어 멀어진다.

공부는 찰나에 뒤처진다. 모르는 내용들이 엉키면 공부가 싫어진다.

일도 마찬가지다. 엉킨 문제가 좀처럼 풀리지 않으면 경험을 바탕으로 풀려 한다. 하지만 계속 꼬여만 간다면 원론적 이론이 필요했다.

사람 관계도 공부도 일도 모두 엉키기 시작하는 시점부터 성숙함이 바탕되어야 해결할 수 있다.

나이를 먹으면서 쌓이는 성숙함이 아름답다.

그러나 일상생활에서 불편한 것들이 많아지면 오히려 정신이 없다. 퇴근 후 집에 도착했을 때 아내와 자녀들이 현관까지 달려와 와락 안길 때 포근한 행복감과 함께 가장의 책임감을 느낀다. 자녀들이 자랄수록 친밀감은 줄어들지만 뒷받침해야 하는 무게는 조금 더해지고 힘에 부칠 때 나이를 먹었음을 느낀다.

새로운 것을 익힐 때 부담감에 휩싸이면 나이를 먹었음을 느낀다. 특히 IT 분야를 접할 때면 숨이 막힌다. 그래도 배우면 좋다.

갑작스러운 긴급 상황에 어떻게 대처할지 몰라 한참을 머뭇거릴 때 나이 먹음을 느낀다. 민첩성이 떨어져 상황 파악에 시간이 걸리면 마음만 급하고 어찌할 줄을 몰라 머릿속이 하얘진다.

지하철 개찰구를 통과하려고 카드를 몇 차례나 밀착시켜도 인식이 없자 물끄러미 지켜보다가 민망해졌다. 회사 게이트로 착각해 사원증을 계속 대고 있었다. 여러 차례 오류를 내고도 곧바로 알아차리지 못할 때 나이를 먹었음을 느낀다.

신체 변화를 느낄 때도 나이를 먹었음을 느낀다.

축구를 할 때 마음은 골인인데 몸이 따라주지 않거나, 흰머리가 많아져 염색을 결정할 때면 나이를 먹었다고 느낀다. 어느 날 갑자기 통증이 밀려와 팔을 올리기 힘들 때 침을 맞으며 한의원의 필요성을 느낀다. 언제부턴가 작은 글씨를 확인하려 안경을 벗곤 한다. 그러다 돋보기를 찾게 되고 결국 누진다초점 렌즈 안경을 맞춰서 적응하니 안경을 자주 벗어야 하는 번거로움이 줄었다. 근력이 떨어지며 피부 탄력이 줄어감을 느낀다. 다이어트를 하고 싶어도 주름이 더 깊어질 것 같아서 망설여진다.

노화는 불편을 동반한다.

하지만 늙어가면서 성숙한 모습도 함께 쌓인다. 그런데 나이를 먹었다고 해서 성숙함이 저절로 생기는 것은 아니다. 넉넉한 마음이 줄어들어 더욱 각박하고 냉정해질 수도 있다.

세월의 흔적에 고착되지 않으려면 계속해서 배워야 한다. 그래야 생각이 유연해진다. 배움을 마쳤다고 접는 순간부터 마음이 딱딱해진다. 오늘은 무엇을 배우고 있고 무엇을 바꾸고 있는지 고민하는 사람이 성숙한 사람이다.

비둘기는 순결의 상징(마태복음 10:16)**이었다.**

그런데 요즘 도심의 비둘기는 배설물과 깃털로 거리를 오염시키고 비만으로 둔해져 애물단지로 변했다.

나 역시 현실에 안주하느라 도심의 비둘기처럼 야성을 잃어버린 것은 아닌가 생각한다. 오늘의 안락함이 무조건 유익할 수는 없다. 고생길이라도 비전을 향해 고난을 헤쳐나가면 세상에 유익을 주는 성숙한 모습을 드러낸다.

"누구든지 자기의 유익을 구하지 말고 남의 유익을 구하라"(고린도전서 10:24)

이런 관점에서 도둑과 정직한 자는 절대로 같지 않다.

같은 광경을 목격하고도 관점이 다르므로 생각도 다르고 행동 역시 확연히 다르다. 꼼수가 보일 때 도둑은 횡령을 생각하지만 정직한 자는 어떻게 보완할지를 고민한다. 결국 서로의 길이 다르다.

그런데 정직을 말하며 다르게 행동하는 위선이 갈등을 조장한다.

작은 것이라도 사기를 치지 않아야 한다. 사람은 자신에게 유리하면 쉽게 거짓말하는 경향이 있다. 선의의 거짓말이라는 이름 아래 거짓말을 정당화하는 행동은 미성숙한 태도다. 일상의 사소한 부정이 모이면 속담처럼 소도둑이 된다. 작은 거짓말부터 극복해야 삶이 성숙해진다. 당장은 손해 같아 보여도 정직함은 결국 삶의 형통을 누리게 이끈다.

"의인의 길은 정직함이여 정직하신 주께서 의인의 첩경을 평탄하게 하시도다"(이사야 26:7)

자신밖에 모르던 시절이 있었다.

결핍이 많을수록 주변을 생각할 여유가 줄어든다. 그러다 조금 철드니 주변에 어려운 사람들이 보였다. 제일 먼저 부모님이 보였고 나아가 주변의 고통에도 관심을 갖게 되었다. 무엇보다 아주 특별한 분을[26] 만난 것은 인생에서 가장 큰 축복이었다. 그 분을 만난 후 인생의 가치를 깨달아 성숙한 모습으로 변화되었다. 그분을 몰랐던 때와 알고 난 후, 인생의 목적이 달라졌다. 전후의 삶을 비교하면 차이가 많이 난다. 결국 성숙은 그분의 온전함을[27] 닮아가려 애쓰는 몸부림 가운데 조금씩 익어간다고 믿는다.

---

26) "그들이 곧 그물을 버려두고 예수를 따르니라"(마 4:20)

27) "그러므로 하늘에 계신 너희 아버지의 온전하심과 같이 너희도 온전하라"(마 5:48)

5

적응

삶의 과정을 한마디로 말하자면 적응 같다.

출생의 순간부터 마주하는 모든 상황에서 적응이 시작된다.

적응은 인생에서 끊임없이 반복되는 과정이다. 금세 적응하는 가벼운 것에서부터 난이도 높은 적응까지 수두룩하다. 적응은 어떤 것을 감당해가는 중에 익숙해지는 상태로 인간의 생존 본능과도 같다. 적응까지는 힘들지만 적응하고 나면 편해진다. 하지만 적응을 못하면 삶이 꼬이고 원치 않는 자리에 있을 수도 있다. 그래서 적응은 삶의 중요한 과정이다.

초등학교에 입학하는 자녀가
적응을 잘 할지에 대해 부모는 걱정한다.

공교육의 입구로 들어선 순간부터 경쟁하며 살아야 할 자녀의 미래를 생각하니 가슴이 찡할 것이다. 이미 이러한 과정을 몸소 느껴왔기에 더욱 그럴 것이다.

우리는 경쟁을 통해 자신을 알게 되고 자신의 모습에 적응해간다. 스스로가 특별하다고 생각했는데 예상치 못한 성적을 받으면 그 충격은 생각보다 세다. 하지만 비로소 자신을 알아가며 적응해간다. 가족에게 왕자 또는 공주 대접을 받아서 자신만이 소중하다고 생각했는데 친구들과 어울리며 양보를 배우기도 한다. 학창 시절의 불량 적응은 사회에서까지 그대로 이어지니 부모는 신경이 쓰인다.

때가 되면 홀로서기에 대한 적응을 시작한다.

타지역의 학교에 다니기 위해 고등학교 때부터 부모 슬하를 떠난다면 빠른 적응이다. 우리나라 남자는 국방의 의무가 있기에 이때 처음으로 집을 떠나는 경우도 많다. 처음 집에서 떨어졌다면 주말마다 집에 가고 싶을 것이다. 가족과 처음으로 분리된 것도 힘든데 새로운 규칙이 적용된 군 생활에 적응하는 것은 대단히 힘겹다. 그러다 정신이 쇠약해지면 관심 사병으로 분류되어 다른 이들의 애처롭게 때로는 한심하게 바라보는 시선들을 견뎌야 한다.

결혼하고 부모님과 처음 떨어진 경우라면 부모님이 옆에 계시지 않은 허전함과 배우자에게도 적응해야 하니 어려움이 가중된다.

부모님의 손길만 받다가 배우자에게 배려를 해야 하니 적응할 때까지 어려움이 따르는데 특히 아내가 더 힘겨울 수도 있다. 이때 본가를 그리워하는 모습이 자연스럽게 나오기 때문에 남편의 입장에서는 신경 쓰이고 불안해진다. 그래서 결혼 초반에 서로에 대한 배려가 부족하면 갈등이 증폭된다. 서로 배려 받기만을 바란다면 둘 다 힘들 것이다. 그러다가 상대 집안을 흥보는 말이 나오면 불화의 도화선이 된다. 결혼 초반 서로에게 적응할 때까지는 우여곡절을 겪는다.

부모로서의 적응은 부단한 노력이 필요하다.

부모 역할을 감당하며 이렇게 어려운 일이 없었음을 깨닫는다. 부모는 마치 나무를 지탱하는 뿌리 같다. 그런데 뿌리가 병들면 나무는 금세 말라비틀어진다. 부모가 안 계시다면 자신의 힘으로 새로운 뿌리를 내려야 한다. 새로운 뿌리는 모진 서러움과 고생 끝에 간신히 자리를 잡는다.

'결혼 상대에 대해 확신이 없을 때 그 부모를 보라'는 말이 있다. 부모는 뿌리이기 때문이다. 뿌리가 건강하면 크게 걱정할 것 없다.

부모의 돌봄 없이 세상에 홀로서는 과정은 무척이나 힘이 든다. 그래서 부모가 된 후에는 "인생은 짧고 굵게"라는 말을 결코 입에 담지 않는다. 굵지 않아도 좋으니 자녀가 자리매김할 때까지 옆에 있어주고 싶은 마음이 간절하다.

부모가 된다는 건 이기적에서 이타적으로 적응해 가는 모습이라는 생각이 들자 갑자기 김치 꽁다리가 떠올랐다. 어린 시절 어머니께서 칼칼하게 끓여 주신 김칫국을 먹을 때 김치 꽁다리가 보이면 어머니께서 얼른 건져가 잡수셨다.

어느덧 세월이 흘러 자녀들과 김치볶음밥을 먹을 때 김치 꽁다리가 보이면 가져다가 내 입에 넣는다. 그러고는 어머니의 마음이 느껴져 가슴이 찡했다. 자녀들이 좋아하는 반찬에는 젓가락이 덜 가고 싫어하는 반찬은 부모의 몫이다. 이것이 부모로서의 적응인가라는 생각이 든다.

새로운 사람을 만나는 것은 흥미롭지만 망설여진다.

새로운 사람을 만나면 이름, 나이, 동네, 학교, 직업, 취미 등 공부할 게 참 많다. 어느 정도 기본을 알고 나면 본격적인 적응이 시작된다. 그것은 가장 난이도가 높은 '성격 맞추기' 과정이다. 이성 친구의 성격을 파악하기까지 우여곡절을 겪는다. 파악하고 나면 많은 추억이 쌓인다. 지금의 이성 친구와 헤어지지 못하는 이유가 이 험난한 과정을 다시 경험하기 싫어서 일 수도 있다.

가정을 이루고 살다가 이별하면 상상 이상의 고통이 가중된다. 그러나 세월이 지나고 보면 힘들어도 참으며 옆자리를 지킨 일이 가장 잘했음을 농도 짙은 사랑으로 보상받을 것이다.

요즘은 새로운 기술에 도무지 적응이 안 된다.

그런대로 잘 적응해 왔는데 하루가 다르게 변하는 기술 속도를 더 이상 따라가지 못하고 어느 시점에서 멈추게 되었다. 세상도 여기서 같이 멈추면 좋겠지만 기술은 더욱 속도를 낸다.

요즈음 유행하는 음악이 적응 안 된다. 공감을 못해 헌신짝이 된 기분이라 서글프지만 그래도 내가 사랑했던 음악이 더 좋다. 7080의 심금을 울리는 노래를 부르며 감성을 키웠는데 자녀가 부르는 랩을 들으면 '아이가 자라 중년이 됐을 때도 랩을 할까?'라는 생각이 든다. 복고풍 드라마의 인기로 예전에 부르던 발라드 음악이 재조명을 받아 자녀와 함께 노래를 부를 수 있어 정말 좋았다.

여러 가지 운동을 해보면 적응을 못해 실력이 늘지 않는 운동이 있다.

공없이 하는 운동은 제법 하는데 공을 가지고 하는 운동은 유난히 못 하는 사람이 있다. 물론 그 반대의 경우도 많다. 세부적으로는 공의 크기에 따라 잘하고 못하고가 드러난다. 작은 공은 제법 잘 다루는데 큰 공에는 젬병인 모습이 무척 신기했다. 가령 탁구나 골프는 실력이 뛰어난데 축구와 농구는 엉성했다.

내게 있어 적응이 제일 안 되는 분야는 게임이다. 친구들과 어울리고 싶어서 스타크래프트 책까지 사서 읽으며 따라 했지만 흥미를 느끼지 못해 포기했다. 게임까지 책으로 공부한다며 친구들이 놀렸지만 그렇게 해서라도 적응하고 싶었다. 자녀와 함께 시간을 보내려 여러 차례 시도해 봐도 흥미가 없으니 오래가지 않았다. 그렇게 게임은 적응이 안 된다.

게임이든 운동이든 적당히 금세 적응해서 즐기는 친구가 제일 부럽다. 내게 그런 능력은 비록 없지만 나만의 달란트[28]가 있어 감사하다.

어떤 일에 적응 못해 포기했던 경험이 있는가?

이 질문을 받고 떠오르는 생각이 있을 것이다.

노력하면 적응할 수 있었으나 포기했던 일들은 아쉬움으로 기억된다. 아직 늦지 않았으니 다시 도전해도 괜찮다. 반면 지금까지 열심히 적응하며 살아왔다고 느끼는 나이라면 앞으로 적응하는데 여유를 갖자. 조금 적응 못해도 문제없이 잘 지내왔으니 주변에 피해를 주지 않는다면 적응에 자유를 누려도 괜찮다.

---

28) "각각 그 재능대로 한 사람에게는 금 다섯 달란트를, 한 사람에게는 두 달란트를, 한 사람에게는 한 달란트를 주고 떠났더니"(마 25:15)

6

숙성

왜 거절당했을까?

오랫동안 짝사랑했던 그녀에게 고백했는데 예상하지 못한 대답을 듣고 한동안 당황스러워 어쩔 줄 몰랐다. 우두커니 생각해 보니 짝사랑은 오롯이 나에게만 누적된 애타는 시간이었다. 오늘의 고백을 예상하지 못한 그녀에게는 부담스럽고 당혹스러운 순간이었을 것이다. 그녀도 생각할 시간이 필요할 것이다. 차라리 짝사랑의 세월을 버리고 서서히 다가서 친근감을 느낄 때 고백했다면 어땠을까?

연인이 되기까지는 숙성의 시간이 필요하다.

또한 모든 관계에는 함께하는 시간이 필요하다. 사랑도 우정도 함께한 세월만큼 서서히 깊어간다. 오늘 거절당했다고 이대로 포기해 버리면 영원히 끝난다. 하지만 이제 고백을 했으니 상대의 시간을 기다리자. 조금 떨어져 지켜보면 상대의 진심을 느끼게 된다.

다급해 보이는 문제가 발생했다.

긴급하게 문제 원인을 논의해 해결 방향을 정했다.

신속하게 보고서를 작성해 결정 받고자 했다. 의도한 대로 보고되어 곧 결정될 거라 생각했는데 무수한 질의응답만 오가다 결론도 없이 어수선하게 끝났다. 성급하게 정리하려 했던 만큼 갈등도 많았다. 차라리 먼저 문제를 공유해서 시간을 갖고 깊이 있게 의견을 나눈 다음에 결과물을 정리해 보고했다면 아름다운 마무리가 되었을 것이다. 문제를 만나면 결과를 도출하기까지 숙성의 시간이 필요하다.

학생들 대화에서 "인성, 인성 쓰레기"라는 단어를 자주 들었다.

부패한 인성을 비하하는 말이다. 자기중심적 생활 태도는 타인에 대한 배려가 전혀 없다. 그래서 '밴댕이 소갈딱지'처럼 행동할 때가 많다. 그러고도 미안함을 느끼지 못한다. 타인을 배려하는 인격을 갖추기까지는 숙성의 시간이 필요하다. 숙성되지 않은 자신의 눈으로 볼 때 인성이라는 단어가 입에 붙는다. 그러나 '벼는 익을수록 고개를 숙인다'라는 속담처럼 인격의 알맹이를 채워야 상대를 긍휼히 여길 줄 안다.

사춘기 자녀와 말다툼 뒤에 냉전 중이다.

못마땅한 태도를 성급하게 고쳐보려다가 거센 반발로 끝났다. 그 후로 서로 부딪히지 않으려 시선을 회피했다. 냉전의 종식은 외식이 계기가 되었다. 맛집에서 식사하면서 마음이 열렸고 서로의 의견을 나누었다. 역시 먹는 데서 인심이 난듯하다. 아들도 화해의 기회를 엿보면서 여러 가지 생각을 했을 것이다. 다시 내 품에 자녀의 향기가 들어왔다.

"사랑해 아들! 우리 잘 해보자."

갈등을 마무리하기까지는 숙성 시간이 필요했다.

자녀와 마찰이 생기면 대하는 방법을 바꾸어야 할 때가 있다.

항상 어리광만 부리는 자녀로 생각하면 갈등만 키울 뿐이다. 자녀와 부딪히는 포인트를 이해하고 쓸데없이 화를 돋우지 않는 배려 방법을 알아야 한다.

숙성하면 가장 먼저 김치가 떠오른다.

그 외에도 된장, 고추장, 간장을 비롯해 다양한 음식들은 숙성되어야 깊은 맛이 난다. 음식마다 적당한 숙성 시간이 필요한데 그때를 알아야 하고 그 시간을 기다려야 한다. 숙성의 정도에 따라 음식 맛의 차이가 느껴진다. 까다로운 입맛이 아니더라도 손님은 미묘한 맛의 차이를 구분한다. 그 작은 차이에 표정이 달라진다. 맛집은 식객들의 발길을 붙잡는 비법을 가지고 있다. 입맛을 맞추는 것은 대단한 실력이다. 묵은지보다 오랜 시간의 노력을 통해 다져진 솜씨일 것이다.

숙성의 기본은 기다림이다.

그런데 마냥 기다림이 아니라 노력을 다한 뒤에 기다리는 시간이다.

음식, 사랑, 우정, 인격, 문제 해결 등에 걸맞은 노력에 시간이 더해져야 깊이가 다른 결과를 만난다. 오늘 내가 숙성하고 있는 것은 어디까지 이르렀을까? 뒤돌아보는 시간은 나를 행복하게 때로는 겸손하게 이끈다.

7

No 인정

십대 자녀가 인정이 들어간 단어를 부쩍 사용한다.

아빠의 말끝에 후렴구처럼 "어, 인정!"이라고 대답했다.

그런데 가끔은 "No 인정"이라고 말했다. 어떤 경우는 "No 답"이라고 말하고 어떨 때에는 강도를 높여 "핵 No답"이라고 말하기도 했다. 그런데 이러한 대답들이 관점의 차이에 따라서 적절하게 쓰이기보다는 감정에 따라서 피드백이 달랐다.

어쨌든 자녀의 부정적인 대답은 부모의 언행을 돌아보게 만든다. 그런데 자녀의 대답에 섭섭한 마음이 들면 억지 인정이라도 받고자 궁색한 변명을 하면서 인정을 강요하기도 했다. 도대체 인정이 뭐길래….

누구나 인정받지 못하면 지치고 힘들다.

부모로서 먼저 자녀를 인정하고 있는지 돌아보자.

부모의 인정을 받지 못하는 자녀는 마음의 고통을 받는다. 또한 자신의 의견을 당당하게 펼치는데 자신감이 떨어진다.

인정은 상대적이기에 주고받는다. 자녀의 뜻밖의 행동에 서운했다면 그 배경은 자녀를 인정하지 못한 부모의 언행이 먼저일 것이다. 인정에 인색했던 모진 태도로 인하여 자녀는 기대와 다르게 행동한다. 그래서 자녀를 감정적으로 평가하지 말고 인격적으로 대하며 적절한 교훈을 심어야 건강하게 성장하여 사회 속에서 당당하게 살 수 있다.

인정은 자신이 꼭 필요한 사회적 존재로 평가받아 자긍심을 높이고 존재감을 넓히려는 심리 욕구이다. 그래서 사람의 행동 동기에는 계속해서 인정받고자 하는 노력이 담겨있다. 하지만 사회 속에서 자신이 원하는 분량의 인정 욕구를 누리지 못하는 것이 현실이다. 이로 인한 상실감으로 힘겨운 자녀를 부모가 충분히 보상해 주어야 한다.

소위 말해 기(氣)를 살려야 한다는 것이다.

그런데 간혹 "그까짓 것 가지고…"라며 대수롭지 않게 여겼다가 원만한 관계 형성에 어려움을 겪을 수 있다. 마찬가지로 부모 역시 주변의 인정에 목말랐다면 그 영향으로 인해 가정에게 권위적인 모습을 보이며 인정에 집착할 수 있다. 사실 가족끼리 서로를 외면한다면 이 세상에서 누구에게도 인정받지 못하는 것 같아 삶이 서글퍼진다.

사람은 인정받을 때 행복을 느낀다.

반대로 그렇지 못할 때 자신의 존재감을 잃고 정체성까지 흔들린다.

인정받지 못한 결과는 커뮤니케이션의 소외로 나타난다.

'상대에게 내 말은 더 이상 중요하지 않을 뿐 아니라 때로는 통째로 무시당한다. 그래서 대꾸조차 없거나 가볍게 넘겨지고 때로는 말을 끊거나 가로채기도 한다. 이로 인해 존엄성까지 무시당하는 기분이 들고 결국 대화의 중심에 끼어들지 못하고 변두리에 머물러 있다.'

이 상황은 가정뿐 아니라 어디서나 벌어지는 일이다. 내 말이 통하지 않으면 내 영향력마저 사그라져 버린다. 가벼운 대화부터 회의나 약속 자리에서도 배제되니 정보의 통로까지 막혀버린다. 공동체에 속해있지만 존재감이 잊힐 때 속상하고 힘겹다.

사람은 누구나 인정받기를 원한다.

따라서 인정은 경쟁을 내포한다. 승부욕이 강할수록 인정을 독차지하고자 과도하게 집착한다. 승부욕을 떠올리면 문득 생각나는 사람이 있을 것이다. 그것이 본인 일 수도 있고 다른 사람 일 수도 있다. 만약 다른 사람이라면 그에게 특별한 감정을 갖고 있기에 떠올린 것이다.

사람은 감정적이다. 그래서 상대를 좌절시키면 악감정이 만들어진다. 경쟁 과정에서 감정의 골이 생기면 아무리 뛰어난 상대라도 그를 인정하지 못하는 경향이 나타난다.

인정은 마치 동전의 양면과 같아서 사람을 행복 또는 불행하게 만드는데 영향을 끼친다. 인정을 독차지하고자 몰인정할수록 결국 자신이 인정받지 못하는 피해자가 된다. 그래서 우리는 인정을 나누는 양보가 필요하다. 나의 인정으로 상대는 힘을 얻을 뿐만 아니라 상대도 나를 헤아려²⁹⁾ 줄 것이다.

그래서 먼저 섬기고 먼저 인정을 베푸는 것이 현명하다. 이를 위해서는 사람을 귀하게 여기는 마음이 있어야 가능하다. 사람을 귀하게 여기면 결코 외롭지 않은 인생이 된다.

---

29) "…너희가 헤아리는 그 헤아림으로 너희도 헤아림을 도로 받을 것이니라"(눅 6:38)

8

좌절

신체의 한 부분을 잃은 아픔이 얼마나 힘겨울까!

한 친구가 교통사고로 다리를 잃게 되었다.

의료진은 목숨을 구하기 위해서 어쩔 수 없는 선택이라고 가족을 설득했다.

길었던 수술을 마치고 마취에서 깨어난 친구는 사라진 한쪽 다리를 보고 오열했다. 몸부림치며 괴로워하던 모습을 지켜보는 것이 너무도 힘겨웠다. 그 후로 친구는 삶에 좌절을 느낄 때마다 이 상황을 이겨내야만 했다.

이번 기회를 잡아야 했다.

만족할 정도로 답변도 잘했다.

오랜 기다림 끝에 면접까지 왔기에 더욱 철저히 준비했다. 하지만 결과는 낙방이었다. 깊은 좌절감이 밀려왔다. 내색하지 못하고 눈치만 보시던 부모님 얼굴이 자꾸 떠올랐다. 번듯한 직장의 사원 카드를 목에 걸고 출근하는 상상을 했건만 여전히 걱정만 끼치는 자식으로 남았다.

나에게 입사를 허락해 줄 회사가 있기는 한 건가!

답답한 마음에 상실감이 커진다.

비록 만족스럽지 못한 시작이라도 하고 싶은 일에 열정을 쏟으면 실력이 쌓이고 좋은 평판을 만들면 원하는 곳에서 쓰임 받으리라 생각하지만 시작의 기회조차 얻지 못하니 답답하다.

용기를 내어 고백했는데 단호하게 거절당했다.

예상치 못한 냉소적인 답변에 어리둥절했다.

평소의 따뜻한 눈빛과 다정했던 태도는 무슨 의미였는지 묻고 싶었다. 서로 호감을 가지고 있다고 믿었건만 혼자만의 오해라니 너무 허탈했다. 일단 그와는 거리를 두는 편을 선택할 것이다. 그러나 자신에게 꼭 필요한 사람이라면 시간이 흘러도 간절해질 것이다. 상대 역시 충분히 생각했을 것이다. 분명한 확신이 들면 다시 용기가 필요하다. 그런데 한 번의 좌절을 경험했기에 다시 상처받을까 싶어 미루다 보면 소중한 사람을 놓치게 된다.

차별 앞에 깊은 좌절을 느낀다.

그냥 넘기면 그만이지만 차별로 느끼는 강도가 클수록 속상해서 자꾸 떠오른다. 때로는 사랑받는 이들에게 무조건적으로 미운 마음을 품는다. 그럴수록 마음은 더 아프고 외롭게 된다. 내가 어긋나게 행동할수록 기다린 듯이 더욱 편파적인 본색을 드러내 갈등은 심화되어 결국 외톨이가 된 기분이 든다. 그러나 차별을 참아가며 관계를 유지한 결과는 다를 것이다. 관계가 꼬일 때면 무작정 참는 것도 방법이다. 할 말을 쏟아낼수록 관계는 꼬여갈 수 있기 때문이다.

구질구질하게 아끼고 모아도 좀처럼 목돈이 되지 않는다.

반면 집값은 우리 가족을 점점 변두리로 몰아간다.

열심히 살아왔건만 여전히 힘겨운 형편이다.

이런 내 모습이 안타까운지 "단 한 번뿐인 인생을 즐기며 살아"라고 충고하는 그는 베짱이처럼 놀면서 흥청망청 소비하는 모습이 여유로워 보였다.

"추운 겨울을 대비해"라고 그에게 충고하며 스스로를 위로했는데 어느 날 그는 유산을 물려받고 더욱 풍요로워졌다. 게다가 증여로 받은 부동산이 천정부지로 치솟아 세금 걱정을 하는 모습에 맥이 빠졌다. 반면 아등바등 살아왔던 내 삶은 여전히 제자리인 것 같아서 점점 무기력해졌다.

연봉은 스스로의 노력으로 이루어 낸 결과다.

급여에 부과된 과도한 세금까지는 이해하겠지만 더욱 슬픈 것은 가진 것 없는 무주택자 여부는 고려하지 않고 일정 연봉 이상이라는 이유만으로 자녀에 대한 아동 교육비 혜택을 받지 못했다. 반면 배짱이는 놀면서 모든 정부 혜택을 누렸다. 정부의 섬세하지 못한 정책들에 좌절했다.

열심히 저축하며 살면 분명 좋은 날이 올 거라고 말하기 어려운 세상이다. 하지만 저축을 하다 보면 작은 기회라도 붙잡을 수 있다. 매달 조금이라도 저축하지 않는다면 미래에 다가올 기회까지 놓치게 된다.

모함으로 인해 무고죄 피해를 당하면 억울할 것이다.

참기 힘들어 고소를 통해 되돌리려 해도 진흙탕 싸움 같아서 지친다. 이때 비명이 절로 나온다.

명백한 죄를 짓고 혐의가 입증되면 당연히 처벌받아야 한다. 당연하지만 당연하지 않은 결과를 볼 때마다 권력 앞에 무기력을 느낀다. 유전무죄 무전유죄(有錢無罪 無錢有罪)가 되는 형평성 특권의 사례를 언론을 통해 접할 때 좌절을 느낀다.

"너는 가난한 자의 송사라고 정의를 굽게 하지 말며"(출애굽기 23:6)

권력이나 돈이 법보다 우위에 있던 불공평이 바로 잡혀가고 있으니 다행이다. 그런데 제때에 해결하지 못하고 시간이 흘러서 '적폐 청산'이라는 이름으로 제자리가 잡히니 씁쓸하다. 법은 공평하고 차별되지 않기를 원한다. 그런데 새롭게 재정되는 법률 중에는 감정에 치우친 내용들이 추가되고 있어 안타까운 마음이다.

열심히 공부했지만 성적은 제자리에 미물고 상위권과 격차를 극복하지 못할 때 좌절한다.

두뇌를 책망하며 한계를 인정하는 것 자체가 슬프다. 고달픈 좌절을 경험하고도 노력하지 않는다면 소득이 없다. 공부해야 하는 이유가 있다면 다시 뛰게 되고 도전하는 정신은 성숙을 일구는 계기가 된다.

이루고 싶었던 꿈을 접어야 할 때 좌절감이 깊어진다.

부족한 실력 때문이건 비용을 감당하지 못하는 형편 때문이건 단념은 소중한 것을 놓쳐버린 상실감을 키운다. 내가 단념했던 꿈을 실제로 이룬 사람 곁에 서면 한없이 위축된다. 요리조리 피하면서 편하게 살 수만은 없는 게 인생이다. 현재 직면한 일에 좌절이 깊어지면 당장은 피하고 싶지만 꾹 참고 버티면 언젠가는 정말 잘했다며 자랑하게 될 것이다.

인생은 좌절의 연속이다.

살면서 생각지도 못한 좌절들을 무수히 경험한다.

좌절은 희망이 꺾이는 것과 같다. 그래서 어떤 좌절은 너무 힘들어 견딜 수가 없다. 세월이 약이라는 말처럼 시간이 흐르면 잊히기도 하지만 수많은 세월이 지나도 잊히지 않는 때도 있다.

해결되지 않으면 기억에서 사라지지 않는다. 그래도 세월이 약이 되는 건 견딜 수 있는 에너지로 살아가는 것이다. 하지만 치명적인 좌절은 삶을 쪼그라들게 만든다.

때로는 좌절이 인간을 만들기도 한다. 자신만 보다가 주위를 둘러보게 되고 더불어 살아가며 연약한 자들을 돌보는 안목을 갖기도 한다. 베풂을 통해 우리의 삶은 보람이 가득해진다.

9

허영심 끝판 대장

소중하지 않은 인생이 어디 있을까?

우리는 인정 욕구로 인하여 누구나 멋지고 화려한 삶을 누리며 세간의 관심받기를 원한다. 하지만 형편에 걸맞은 조화로운 소비가 삶을 평안으로 이끈다. 화려함만 추구하다가 삶의 진정한 가치를 잃어버리고 인생이 안개처럼 사라져 버린다면 슬픈 인생일 것이다. 인생의 영화로운 순간도 들에 핀 꽃과 같다고(시편 103:15) 하는데 허영에 빠져 산다면 안타까운 일이다.

분수를 모르고 허영에 들떠서 사치를 하면 생활이 점점 쪼들린다.

커지는 씀씀이로 명품을 구입하느라 생활 전반에서 사치가 늘면 어느 순간 감당하기 어려운 상황과 마주친다. 이를 알면서 계속했다면 그에 합당한 대가를 치를 것이다. 이로 인해 주변 사람들에게 불편을 끼친 경우도 있겠지만 가장 큰 피해는 가족이 경험했을 것이다.

사실 몇 번의 허영은 소중한 나를 위해 꼭 필요하기도 하다.

문제는 끊임없이 반복되는 허영심이 생활의 균형을 무너뜨린다는 것이다. 지출이 소득보다 크지 않도록 유지하기가 쉽지 않다면 알뜰하게 살아야 수입의 일부라도 저축할 수 있다. 그런데 허영심이 소비로 이어지면 과다한 지출로 인해 저축은 상상도 못하고 마이너스를 계속 쌓다가 결국 대출에 의존하게 된다.

'허영심 끝판 대장'을 떠올리면 분수에 넘치는 생활로 사치를 부리다가 빈털터리가 된 모습이 떠오른다.

이 정도는 아니더라도 허영심 때문에 소중한 가치를 놓치고 있다면 허영심의 끝판 대장이라 생각한다. 예를 들어 성대한 결혼식을 준비하며 비용과 에너지를 과다하게 소진하는 것은 허영심에 기인한 것이다. 화려한 결혼식을 마치고 신혼여행을 다녀온 후 재정난에 허덕인다면 결혼의 가치부터 재정립해야 할 것이다. 허영심으로 화려한 결혼식을 연출했지만 결혼은 현실이다.

거리에서 명품 가방을 바닥에 떨어뜨린 남편을 심하게 면박하는 아내의 모습을 목격했다.

그렇게 소중하게 생각했다면 맡기지나 말지…. 그깟 가방보다도 못한 대접을 받는 남편이 불쌍해 보였다. 그 남편의 슬픈 눈동자를 보며 무척 가여워 보였다. 아무리 비싼 명품 가방이더라도 사람보다 귀하게 여긴다면 이는 분명 허영심의 끝판 대장이다.

명품 자체가 좋기도 하겠지만 명품을 고집하는 고장 난 자아상이 있다.

이런 사람은 허영심의 원인을 파악하여 건전한 소비로 바꾸어야 한다.

건강한 자존감 회복이 필요할 것이다.

명품으로 치장했다고 명품 인생이 되는 건 아니다. 그저 명품을 소유한 본인 만족일 뿐이며 허울에 사로잡혀 있을 뿐이다.

명품 하나 없어도 당당하고 행복한 사람이 있다. 그런 사람은 자신의 삶으로 빛을 발하며 멋지게 살아간다. 허영심을 벗고 나면 그동안 경험하지 못했던 가치를 누릴 기회가 찾아올 수도 있다.

10

통찰력 부족

레스토랑 안으로 막 들어섰을 때 서빙하던 직원이
식사 중인 손님 앞에 놓인 레드 와인잔을
쓰러뜨리는 장면을 목격했다.

손님의 흰색 와이셔츠가 붉게 물들었다. 이 장면을 통해서
예상되는 시나리오는 직원이 고개를 숙여 사과하는 그림이었
다. 그런데 예상과 달리 직원은 당당하게 "죄송합니다. 배상은
저희 매니저를 불러드리겠습니다"라며 짧은 사과를 건네고
자리를 떠났다. 혹시 내가 모르는 비하인드 스토리가 있었나
싶었는데 화를 내는 손님의 이야기를 들어보니 직원의 단순
실수 같았다.

잠시 후 매니저가 왔다. 그리고 손해배상에 대해 이야기했다. 그런데 정중하게 사과하는 모습이 없고 오히려 사과의 책임을 해당 직원에게 돌렸다. 결국 가벼운 사과만 받았을 뿐 손님이 원한 정중한 사과는 없었다.

상식과 다르게 전개되는 이 상황이 흥미로웠다. 화가 난 손님은 식사를 멈추고 남은 음식과 와인을 빈 식탁과 식당 바닥에 마구 던졌다. 그러고는 자신은 다른 사람이라는 듯 정중하게 사과를 하고는 식당을 나섰다.

통쾌하게 가르쳤다며 속 시원한 표정이었다. 일상에서 벌어지는 비상식을 경험하며 흥분하면 더 큰 낭패를 보게 된다.

얼마 지나지 않아서 식당이 이 손님에게 손해배상을 청구했다는 이야기를 들었다. 손님은 태도에 집중했지만 식당은 처음부터 피해 보상에만 집중한 것이다. 식당은 피해에 대한 보상을 받았는지 모르지만 태도에 대한 소문이 난 후 결국 간판을 내리게 되었다.

관심을 파악하는 일이 중요하다.

소위 핫 플레이스라고 이름 불리는 곳은 나름의 이유가 있다. 사람을 끄는 분명한 매력이 있다는 뜻이다. 유명세를 치르며 사람들을 끌어들이는 가운데 흐름에 뒤처지지 않으려 몰려드는 사람들도 많을 것이다. 주변은 금세 카페와 음식점 그리고 다양한 가게들로 상권이 형성된다. 그러나 이곳을 찾는 사람들의 관심에 따라서 가게들의 매출 차이가 발생한다.

소비자는 자신이 생각했던 것만큼 특별한 매력이 있을 때 만족한다. 때문에 가게를 운영하는 사람들은 이곳을 찾은 소비자의 관심에 집중해야 한다. 소비자의 관심을 잘 이해한다면 손해는 없을 것이다. 그런데 갈수록 사람들의 발길이 줄어든다면 소비자들이 원하는 것을 파악해야 낭패를 피할 수 있다. 결국 사람의 관심을 파악하는 통찰력이 뒷받침되어야 비싼 임대료만큼의 수익을 얻게 된다.

일상의 일들이 전혀 예상하지 못한 방향으로 전개되는 경우가 무수히 많다.

예를 들어 합리적인 내용을 가지고 정중하게 보고했지만 리더로부터 엉뚱한 답변과 함께 불필요하다고 느끼는 부가적인 확인 요청을 받을 때가 있다.

'무엇이 부족했던 것일까? 그리고 이때 필요한 것이 무엇일까?'를 생각해 보니 상대의 마음에 집중하는 통찰력이 부족했다. 상대의 마음을 생각할 수 있었다면 접근은 달랐을 것이다.

신속한 판단력과 적절한 예제를 가지고 조리 있게 설명하는 언변은 적당한 방어와 공격으로 상대를 무기력하게 만든다. 하지만 신뢰의 여부는 별개의 문제이다. 너무 완벽하게 준비해도 낭패를 보기도 한다. 상대에게 할 말을 열어 두는 것도 배려의 마음이다. 때로는 엉터리 같은 결과를 가지고 보고해도 마음을 얻으면 원하는 것을 얻게 된다.

통찰력은 상황을 자세히 들여다봄으로 본질을 깊이 있게 이해하는 능력을 말한다.

통찰력을 갖추면 동일한 것을 보더라도 폭넓고 깊이 있게 접근할 수 있다. 두 세수 앞을 내다보는 안목을 갖추면 주변에 영향력을 끼치게 된다.

신속하게 판단하고자 하는 다급한 마음이 커질수록 무엇에 집중해야 할지 우선순위를 정해야 한다. 때로는 시간적 여유를 가지고 정확성에 집중하는 통찰력이 필요하다. 눈앞의 현상에만 집중하지 않고 전체적으로 진단하여 잠재 상황까지 정확하게 판단하는 것이다. 신속한 판단과 대응도 필요하지만 이런 신속한 대응이 스스로의 입장이 되면 나중에 뒤집기 힘든 덫이 될 수도 있다.

조금 늦더라도 몇 박자 여유를 가지고 정리하는 정확성에 집중하는 통찰력이 필요하다. 쉽지 않지만 노력하면 충분히 할 수 있다. 관점과 관심을 파악하고, 상대의 마음을 살피고, 조급할수록 시간적 여유를 갖고, 정확성에 집중한다면 낭패 보는 일은 줄어들 것이다.

||

두려움

만약 전쟁이 발생하면 어떻게 해야 할지 생각하다 두려움에 휩쓸리곤 했다.

이는 분단된 나라에 살면서 불가피한 고민이다. 그런데 왜 전쟁은 발발하는가? 전쟁의 원인은 정치, 사상, 종교, 민족, 영토, 자원 등 다양하지만 갈등을 조정하지 못해 최후의 운명을 걸고 전쟁을 감행하는 자체가 안타깝다. 그 속에는 무고한 희생이 발생하기 때문이다.

분쟁을 해결하지 못하는 이유는 욕심이나 고집 때문이다.

욕심의 측면에서 영토 확장이 과거 전쟁의 동기였다면 현재는 에너지 자원이 핵심이 되고 있다. 정치, 사상, 민족, 종교 등의 갈등은 상호 수용하지 못하는 고집스러운 태도가 대립의 골을 키워 상대를 말살하려는 단계에까지 이르면 전쟁이 된다.

전쟁을 벌일 때 겉으로는 한 가지 명분 때문인 것 같지만 복잡한 동기가 얽혀 있다.

인간의 욕심(잠언 28:25)과 미련함(잠언 20:3)이 분쟁을 다스리지 못하고 결국 다툼을 일으켜 황폐하게[30] 만든다.

역사적으로 대부분의 전쟁은 접경 지역에서 발생했다. 가까울수록 친하게 지내야 하는데 그러지 못했다. 많은 외세의 침입을 받았던 우리나라도 주변국들이 많이 괴롭혔다.

전쟁은 외부와 치르지만 성패는 내부의 대립을 다스려야 한다는 교훈이 있다.

1636년 인조 14년 병자호란 가운데 청이 파악했던 조선은 내부적으로 부서져야 하는 나라였다. 명과 의리를 지키자는 주장과 치욕스럽더라도 실리외교를 통한 조선의 존립을 외치는 목소리가 대립되었다. 적에 대한 두려움을 극복하기 위해 힘을 합쳐도 부족한 상황에서 서로의 대립이 갈수록 깊어져 국력은 황폐해졌고 그 시간을 기다려 총공세를 감행한 청 태종에게 결국 인조는 무릎을 꿇었다.

---

30) "…스스로 분쟁하는 나라마다 황폐하여질 것이요 스스로 분쟁하는 동네나 집마다 서지 못하리라"(마 12:25)

지금 당신은 무엇이 두려운가?

건강에 대한 두려움/ 질병에 대한 두려움/ 사고에 대한 두려움/ 해고에 대한 두려움/ 처벌에 대한 두려움/ 이별에 대한 두려움/ 사람에 대한 두려움/ 노후에 대한 두려움/ 투자에 대한 두려움/ 돈에 대한 두려움/ 이사에 대한 두려움/ 고독에 대한 두려움….

누구나 마음속에 말 못 할 두려움을 갖고 산다.

그리고 두려움이 커지면 일상이 힘겹다. 두려움으로 인한 긴장은 신체를 경직시킨다. 과도한 걱정에 얽매이면 늘 불안이 엄습한다. 그리고 불안이 밤까지 이어져 수면장애까지 시달린다면 생명에 위협으로 다가온다. 또한 대화도 귀찮아 사람을 피하면 삶은 텅 빈 것처럼 공허하고 몸을 가누기 힘들만큼 지쳐가고 무기력에 빠져든다.

생명의 위협이 주는 두려움이 제일 강할 것이다.

이것은 경험하지 않고는 뭐라고 말하기 어렵다.

그래서 두려움을 묘사하는 장면을 영화 『명량』에서 이순신 장군의 대사를 인용했다.

『만일 그 두려움을 용기로 바꿀 수 있다면 말이다. 그 용기는 백배 천배 큰 용기로 배가되어 나타날 것이다. 허나 극한 두려움에 빠진 자들을 어떻게 그런 용기로 바꿀 수 있다는 말입니까? 죽어야겠지. 내가!』

백의종군하던 이순신 장군이 다시 지휘를 잡았을 때 12척의 배가 전부였다. 무엇보다 조선 수군은 패배감으로 두려움에 떨고 있었다. 이때 이순신 장군은 명량해전을 승리로 이끌어 패전의 기억을 지워버리고 용기를 심어주었다. 사실 그동안 왜군은 힘들이지 않고 한양을 차지한 다음에 계속 북진했고 조선군은 제대로 싸워보지도 못하고 길을 내주었다. 선조왕은 피난하기 바빴다. 그러나 이순신 장군이 해상에서 활약으로 군의 사기를 높이고 왜군의 보급품을 차단하여 전세의 전환을 가져왔다.

1598년 도요토미 히데요시가 죽자 전쟁의 피로감으로 모두 철수를 서두르는 상황에서 끝까지 싸우길 원했던 한 사람은 이순신 장군이었다. 언젠가 다시 침략해올 저들을 절대 그냥 돌려보내지 않겠다며 임진왜란의 마지막 전투를 주도해 노량해전에서 열심히 싸우시다가 용감한 죽음을 통해 모두에게 용기를 심으셨다.
『날아오는 총알이 이순신의 가슴을 뚫고 등 뒤로 나가니 숨을 거두었다』 - 유성용의 「징비록」 중에서

전쟁만큼은 아니더라도 질병, 상해, 사고 등에 직면할 때도 용기가 필요하다. 어떠한 상황에 처했더라도 이겨낼 수 있다는 용기를 가져야 한다. 용기는 희망을 만든다.

도저히 이루지 못할 것 같은
불가능 앞에서 두려움을 경험했다.

아무리 해봐도 실력이 늘지 않으면 슬럼프에 빠진다. 자신 감이 바닥일 때 불안함이 커진다. 이를 극복하기 위해서는 두 려움의 실체를 파악하는 것이 필요하다. 인간의 내면에는 분명 특정 유형의 두려움이 존재한다. 그 두려움을 피하지 않고 맞서야 한다. 실체가 있는 두려움은 분명 극복할 수 있다. 두려움을 극복해야 자신감 넘치는 삶을 살게 된다. 그래서 두려워할 시간에 더욱 부딪혀야 한다. 우리의 삶은 완벽할 수 없기에 계속 도전하며 배워야 한다.

멀리서 숲만 보고 있다면 두려움을 주는 문제와 가까이 마주할 수 없다. 하지만 숲속으로 들어가면 전혀 다른 풍경이 시야에 담긴다. 막연한 문제는 두려움을 주지만 막상 그 두려움과 부딪혀보면 두려운 마음은 줄어들고 자신감이 채워진다. 이렇듯 자신감과 두려움은 반비례한다.

학창 시절 수업 시간에 선생님이 칠판에 문제를 적은 후 뒤돌아 누군가를 지목하려고 바라보실 때 우리는 두려움을 느꼈다.

모르는 문제일 경우에는 제발 피해 가길 바랐지만 지목되고 말았다. 칠판 앞에 서서 모두의 시선을 등 뒤로 느끼며 전 전긍긍하다가 결국 풀지 못했다. 내게는 어려운 문제를 술술 푸는 친구를 보며 자존심이 상하고 창피했다. 한동안 수업이 두려웠고 모르는 내용조차 질문하지 못했다. 질문했다가 창피 당할까 두려워 나서서 질문하지 못하고 친구에게 슬쩍 물었다. 어쩌면 창피당하지 않으려 수업 시간에 더욱 집중했고 꾸준히 복습까지 했다.

어느 날 난이도 있는 문제에 다시 지목되었는데 대충 알고 있을 때와는 달리 완벽하게 알고 있어 칠판 앞에서도 편안했다. 비로소 지난번의 창피했던 기억을 지우고 자신감을 회복했다. 그때까지 힘겨웠던 선생님의 수업방식에 드디어 적응했다. 자신감은 결국 스스로 되찾아야 한다. 그럴 때 두려움은 사라지고 평안해진다.

생각에서 나오는 두려움을 이겨내야 한다.

불현듯 찾아 든 막연한 생각으로 불안감에 휩싸인다. 대부분은 실현 가능성이 없는 최악의 상황을 미리 걱정해 두려운 것이다.

분명한 이유도 없이 생각만으로 두려워한다.

두려워할수록 두려움은 증폭된다. 스쳐가는 생각의 두려움이라도 무척 찜찜한 감정을 남긴다. 가족의 교통사고, 질병, 유괴, 화재 등 끔찍한 상상은 다양하다. 어쩌면 과도한 미디어의 영향에 따른 부작용일 수도 있다.

미디어의 부정적인 영향력이 감정을 예민하게 만든다.

이럴 때는 부정적인 메시지를 전하는 미디어를 멀리하는 것이 좋다. 네거티브 기사들은 불안을 안겨준다. 만약 대중 매체를 보면서 감정이 흥분된다면 분명 악영향을 받는 것이다. 종일토록 부정적인 소식을 접하다가 자신도 모르게 행복을 잃어버리게 된다. 미디어의 영향으로 생긴 두려움 역시 생각에서 비롯된다. 모쪼록 우리는 생각의 두려움을 이겨내야 한다.

우리는 내면의 견고한 진(고린도후서 10:4)과 싸우고 있다.

이는 눈앞에 보이는 상황을 뛰어넘는 분별력이 있어야 진 흙탕에서 자신은 물론 모두를 빠져나오게 만든다. 그렇지 못하면 화목해야 할 가족도 균열이 생긴다. 견고한 진을 통제 못하니 욕심과 고집이 혈기를 부린다. 가령 유산에 대한 욕심은 가족을 남보다도 못한 관계로 만든다.

"차라리 상속받을 유산이 없었으면…"이라고 푸념을 하지만 한 푼도 양보 못하는 욕심은 그대로다. 쓸데없는 에너지만 소모하는 말다툼을 일으켜 두고두고 후회할 갈등을 만든다. 가까울수록 친하게 지내야 하는데 가족에게 등 돌리는 단절은 정말 안타깝다. 부모와 자식 간이라면 더욱 그렇다. 세상을 살면서 뜻대로 되는 일이 별로 없다지만 가족의 손실은 인생을 잘못 살았다는 후회를 남기게 된다. 견고한 진이 강할수록 두려움을 자극해 고집을 부리게 한 결과이다.

우리의 양심은 무한한 존재에 대한 두려움을 느끼게 한다.

정의롭지 못한 일을 행했을 때 마음이 불안해지고 두려움에 휩싸인다. 이는 법에 따른 처벌과는 무관하다. 그저 양심에서 벗어나지 못하는 불안에 짓눌린 것이다. 시간이 흘러 이제는 자유롭고 싶지만 좀처럼 떨쳐내지 못한다. 죄가 얼마나 오래가는지 참으로 힘들다고 느낀다.

이렇게 힘겨운 마음을 가지고 무한한 존재에게 이를 자백하면 말로 표현할 수 없는 자유를 느낀다. 이것이 죄 사함의[31] 은혜이다. 이에 예수님께서는 **"두려워하지 말라"**(마태복음 14:27)라고 말씀하셨다. 두려울 때마다 예수님을 바라보는 것이 두려움에 대한 해답이다. 도우시는 은혜를 누리며 사는 것이 나그네 인생길의 지혜다.

---

31) "…너희의 죄가 주홍 같을지라도 눈과 같이 희어질 것이요 진홍 같이 붉을지라도 양털 같이 희게 되리라"(사 1:18)

12

바이러스

한 친구는 개미를 보고 화들짝 놀랐다.

도대체 어떤 경험을 했기에 개미를 보고 놀라는지 신기했다.

뱀이나 벌이라면 모를까….

유년 시절 다래를 채취하려 가을 숲을 오르다 서로 엉켜 똬리를 틀고 있는 세 마리 독사와 마주쳤다. 눈앞에서 혀를 날름거리는 독사와 마주친 순간을 떠올리면 지금도 아찔하다. 혼비백산하여 위기는 피했지만 끔찍한 기억으로 남았다. '뱀에 물렸다면 어찌했을까?'라는 생각에 한동안 두려움에 휩싸였다.

두 번째 경험은 벌초하다가 예초기로 벌집을 건드렸다.

달려드는 말벌떼에 놀라 "대피해. 대피"를 외치며 전속력으로 피했다. 시골에 계신 형님께서 살충제를 뿌려 벌들을 쫓아버렸다. 다시 돌아와 머쓱하게 벌초를 마무리했지만 벌에 쏘이지 않아 정말 다행이었다. 유년 시절 지붕 아래 처마에 말벌집이 생겼고 무사히 제거할 때까지 조심스럽게 출입문을 오가던 기억이 있었기 때문이다.

생명의 위협으로 느끼는 두려움은 신체를 빠르게 반응시킨다. 두려움이 극에 달하면 판단력이 감소되므로 두려울수록 정신을 집중해야 한다. 그러나 경험상 두렵지 않다고 판단되면 대수롭지 않게 넘기곤 했다. 유년시절에는 모기가 유난히 많았다. 집 주변에 풀이 많았고 모기 차단에 취약한 주택 구조라 내부로 침투한 모기를 피해 모기장을 치고 모기향을 피웠다. 하지만 모기장까지 침투한 모기는 당해낼 재간이 없었다.

신경계 질환 바이러스를 보유한 일본뇌염 모기나 지카 바이러스를 보유한 모기를 경험하지 않은 것이 정말 다행이다. 여름이면 수없이 모기에 뜯겼지만 건강하게 자라서인지 모기는 두려움이 대상이 아니라 귀찮을 뿐이라고 생각한다. 그래서인지 '엥~' 하는 모깃소리에 둔감한 편인데 아내는 모기 한 마리가 있어도 잠을 이루지 못하고 밤새 추격한다. 나는 모기보다 갑자기 커진 불빛에 잠을 설칠 때가 많다.

지금까지 경험했던 독사, 말벌, 모기 등은 쏘이지 않도록 조심할 수 있고 보이는 위협이기에 대처할 수 있다.

그러나 눈에 보이지 않는 바이러스는 다르다. 개인 위생에 신경을 써도 자신도 모르는 사이에 몸속으로 침투한다.

오래전 미국 출장을 다녀온 후 몹시 아팠었다. 한여름 푹푹 찌는 더위에도 으슬으슬 추워 보일러 온도를 최대로 높였지만 그래도 한기를 느껴 이불을 덮었다. 당시 간 수치가 비정상적으로 높았는데 병원 치료를 받으며 호전되었다.

다행히 가족에게 전염되지는 않았다.

의사는 말라리아 증세 같다고 했지만 이미 바이러스에 대항해 면역반응이 생겼고 간 수치가 정상에 가까워져 병원균을 확인하는 병원성 검사를 하지는 않았다.

내 경우에는 잠복기가 매우 짧았다. 곰곰이 생각해 보니 귀국하는 날에 동물원을 방문했기에 동물들과의 접촉이 유일한 바이러스 감염 장소라고 생각했다. 생명의 위협을 느꼈던 바이러스의 무서움을 실로 무섭게 체험했다.

2009년 신종플루 바이러스에 대한 특별한 기억이 있다.

당시 5살이던 첫째가 어린이집을 다녀온 후 감기 증상이 있어 동네 병원을 찾았는데 간이 신종플루 검사에서 양성 판정을 받아 당시 첫돌을 넘긴 둘째와 격리가 필요했다. 어쩔 수 없이 회사에 일주일 휴가를 내고 치악산 근처에서 첫째와 단둘이 지냈다. 하루 종일 계곡에서 트레킹을 하며 즐거운 시간을 보냈다. 모처럼 업무 스트레스에서 벗어나 자연에서 힐링을 하며 에너지가 충전되었고 첫째도 신종플루에서 회복되어 행복한 추억 여행이 되었다.

코로나19는 생활에 커다란 영향을 끼쳤다.

집단 감염을 통한 확진자는 급속히 증가되었고 전염 속도가 빨라서 전 세계적으로 확산된 팬데믹(pandemic)으로 각 나라마다 입국금지 조치가 내려졌다. 확진자가 다녀간 건물은 폐쇄되었고 확진자 동선을 파악해 다른 이들에게 알려주었다.

감염에 대한 공포가 확산되면서 다양한 변화들이 있었다.

학교는 온라인 수업을 실시하였다. 생에 처음으로 영상 예배를 드렸고 점차 익숙해졌다. 일터를 떠나서 재택근무를 하도록 배려하는 회사가 많아졌다. 소비가 줄어들어 영업을 중단하는 자영업자가 급증했다. 폐업과 실업이 증가했다. 재난지원금을 받아 요긴하게 사용하기도 했다. 정부 지원금은 침체된 내수 경기에 일시적 효과를 주기도 했지만 세금이 많아질까 걱정되었다.

마스크 대란이 발생했다.

마스크를 구입하려는 인파가 약국 앞으로 몰렸다. 마스크 물량이 안정적으로 공급될 때까지 상당 기간 혼란을 겪었다. 확진자 중에서 사망자 비율이 약 1% 정도였지만 건강을 위협하는 바이러스에 감염될까 긴장하며 지냈다.

감염에 대한 공포는 정상적인 반응이지만 과도한 걱정은 유익하지 않았다.

코로나19 관련 뉴스에만 집중하면 스스로를 위축시키고 전염될 것 같아서 외출도 신경 쓰였다. 줄어든 활동으로 인해 신체가 비정상 신호를 보내기도 했다. 그런데 이것을 코로나 증상으로 오해해 불필요한 걱정을 하기도 했다.

주변에서 누군가 재채기만 해도 의심의 눈초리를 보내기도 했다. 거기에 사회적 거리 두기와 5인 이상 집합 금지로 인해 주변과의 어울림에도 제한을 받았다.

확진자는 피해자임에도 또 다른 가해자가 되지 않기 위해서 격리라는 힘겨운 시간을 보냈다. 모두에게 힘겨운 시간이었다. '힘겨웠던 만큼 예전처럼 돌아갈 수 있을까?'라는 걱정의 목소리도 많았다. 온라인 문화에 익숙해졌고 함께 모여서 했던 활동들이 줄었다.

전염병을 극복하기 위해서는 자신을 지키는 것이 우선되어야 한다. 이것이 가족은 물론 이웃을 지키는 것이다. 청결 관리는 중요한 실천이 되었다. 또한 스스로 온전치 못했던 행위가[32] 있었는지 돌아보아 바꾸고 이 땅을 위해 기도하는 백성들이 많아질 때 전염병이 그칠 것이라 믿는다. 코로나19 사태를 돌아보며 헌신했던 의료기관 종사자들의 수고를 기억해야 한다.

---

32) "내 이름으로 일컫는 내 백성이 그들의 악한 길에서 떠나 스스로 낮추고 기도하여 내 얼굴을 찾으면 내가 하늘에서 듣고 그들의 죄를 사하고 그들의 땅을 고칠지라"(대하 7:14)

13

오해

평소보다 늦은 퇴근길이었다.

저만치 보이는 교차로의 적색 신호를 확인하고는 다음 신호에서 좌회전하려고 1차선으로 서행하고 있었다. 순간 한 노인이 도로 쪽으로 마치 통나무처럼 쓰러지셨다. 이를 목격한 나는 추가 사고를 막고자 노인 앞에 차를 세우고 비상등을 킨 후 노인에게 다가갔다. 노인에게서 술 냄새가 진동했고 노인은 이미 의식을 잃었다. 다행히 숨은 쉬는데 얼굴에서 피가 계속 흘러 지혈을 했다.

잠시 후 노인은 의식을 차렸다.

하지만 술에 취해서인지 아니면 충격 때문인지 핸드폰의

잠금 해제 번호를 기억하지 못했다. 그래서 가족에게 전화할 수 없었다. 위급상황에서 PIN 번호나 패턴 입력은 타인이 돕기 어렵다는 것을 깨달았다. 노약자분들은 지문 인식이 좋을 것 같았다.

그때 서행하던 운전자가 "이 사람아, 사람을 치었으면 빨리 병원으로 데려가"라고 고함을 치고는 가버렸다. 무척 황당했다. 주위를 둘러보니 많은 사람들이 식당에 앉아 이 상황을 지켜보고 있을 뿐 다가오지 않았다. 순간 세상이 이상하다고 생각했다.

잠시 후 119구조대가 도착해 노인을 병원으로 호송했다.

긴박했던 순간이 지나고 오해를 받은 충격이 뇌를 스쳤다. 블랙박스 영상을 확인하니 모든 상황이 녹화되어 있었다. 노인은 비틀거리며 걷다가 횡단보도 조금 앞에서 인도와 도로의 높이 차이를 인지하지 못하고 발을 헛디뎌 2차선 도로로 쓰러졌다. CCTV 또는 블랙박스가 없던 시절은 오르지 목격자 진술만이 상황을 증명했다. 목격자가 없으면 선한 일을 하고도 사고에 연루되어 고초를 겪을 수도 있었겠다는 생각이 들었다.

'오해가 사람을 곤경에 빠뜨리게 만들 수 있다'라는 근저의 생각이 도움을 베푸는 움직임을 둔하게 만든다. 도우려는 마음보다 자기방어본능이 더 크게 작용하면 모른 척하게 된다. 하지만 오해를 받더라도 마땅히 도울 일에는 용기를 내야 한다. 의로운 오해는 오래가지 않는다고 믿는다.

일상에서 벌어지는 흔한 오해는
쉽게 경험하고 쉽게 푼다.

자녀의 핸드폰 과다 사용은 부모에게 스트레스를 준다. 퇴근 후 함께 있는 동안에도 아이가 핸드폰만 보기에 "하루 종일 핸드폰만 끼고 사니?"라고 불만의 잔소리를 했다. 그랬더니 계속 공부하다가 아빠가 온 뒤로 했는데 억울하다고 말했다. 그러고는 한동안 소 닭 보듯 지냈다. 시간이 지나 사이가 좋아지자 "엄마 아빠는 신기하게도 내가 핸드폰을 볼 때 딱 맞닥뜨려"라고 말했다. 그 말에 충분히 공감했다.

학창 시절 준비물이나 숙제로 인하여 선생님께 자주 혼나던 친구가 있었다. 선생님께 크게 혼난 다음날 친구는 삭발하고 나타났다. 어제 일로 커다란 심경 변화가 있었고 앞으로 확 달라질 것이라고 기대했다. 하지만 오해였다. 그 친구가 머리를 자주 감지 않아 어머니께서 삭발을 시킨 거였다. 그 친구는 예전과 달라지지 않았다. 그런데 어떤 동기를 가지고 헤어스타일을 확 바꾼 경우 그의 행동이 달라지기도 한다.

선입견은 많은 오해를 불러일으킨다.

선입견은 그동안 경험했던 여러 사람들의 데이터를 기준으로 상대의 겉모습만 보고 판단하는 것이다. 당연히 섣부른 판단으로 오해할 가능성이 높다. 그래서 사람은 충분히 겪어보아야 한다.

목사님께서 영어 예배 지도를 부탁하신 적이 있다.

오래전 말레이시아에서 초빙된 목사님께서 전도 강의를 하셨고 마무리에서 질문을 받으셨다. 중간에 통역이 계셔서 많은 분들이 질문하셨다. 그때 무슨 마음이었는지 통역 없이 몇 가지를 영어로 질문했는데 이를 후하게 보신 목사님께서 영어 예배를 염두에 두신 것이다. 아마도 오해를 하셨던 것 같다.

영어 예배 지도는 영어와 성경 교육이 동반되어야 하는데 교육 콘텐츠를 어찌해야 할지…. 감당하고 싶었지만 콩글리시 발음까지 신경 쓰여서 전전긍긍하다가 나대신 한 분을 추천했다.

그분은 영어 예배를 탁월하게 지도하셨다. 교회를 위해 잘한 결정이었다. 그래도 나에 대한 선입견이 좋았던 것에 감사했다.

첫 직장 생활 시절에는 SNS라는 것이 없었다.

당시 부산지점의 여직원과 업무상 전화 통화를 했는데 목소리가 너무 예쁘고 사투리도 매력적이라 통화 시간이 즐거웠다. 우연히 부산 출장 기회가 찾아왔고 목소리의 주인공이 궁금했다. 사무실에 도착해 여직원과 인사를 나누었다. 그런데 목소리를 들으며 상상했던 모습과는 많이 달랐다. 나의 아름다운 오해였다.

살면서 오해가 참 많다.

선한 의도를 몰라주고 오해까지 받으면 참으로 난감하다.

대부분 오해의 시작은 대화의 부재가 만든 판단 오류에서 시작된다. 충분한 소통 없이 성급하게 내린 결정이 오해를 만든다. 이는 경험치를 가지고 판단한 결과에서 기인한다.

"나사렛에서 무슨 선한 것이 날 수 있느냐…"(요한복음 1:46)

편향적인 충고가 방향을 흐리게 만들어 갈등을 키운다.

다양한 목소리의 경청이 필요할 때도 있지만 우선 당사자 의견이 먼저다. 직접 당사자의 말을 통해 어느 정도 이해하고 나서 판단을 내린다면 오해를 줄이고 잘못을 수월하게 바로잡을 것이다.

오해는 자체적으로 낭비가 크다. 감정 에너지가 손실되고 시간과 비용까지 소모된다. 각고의 노력으로 오해가 해소되어도 이득은 거의 없다. 애초에 오해를 만들지 않은 것만 못하다. 그래서 오해가 깊어지기 전에 소통하고자 먼저 다가서는 것이 불필요한 낭비를 줄이는 것이다.

오해를 푸는 것은 자세에 달려있다. '오해가 생기면 즉시 풀고자 적극적인가?' 스스로를 되돌아보는 계기가 되기를 바란다.

14

자연의 소리

초가을이면 숲속에 다양한 소리가 어우러진다.

내 귀에 들리는 다양한 소리를 정확하게 문자로 적으려 귀를 기울여봐도 '소리를 문자로 다 표현을 못 하는구나!'라는 것을 실감할 뿐이다. 많은 소리들이 공존했지만 반복되는 소리의 길이와 박자가 어느 정도 일정한 소리만을 추려 네 글자로 만들어 보았다. 분명 풀벌레나 새들의 목소리인데 그 주인은 모르겠다.

"깍깍깍각, 쯔쯔쯔즈, 찍찍찍직, 쩍쩍쩍잭, 뛰뛰뛰뒤, 떼떼떼데, 호이오오, 꾸구걱걱, 까악까악, 매엠메엄…."

숲은 조용한 곳이라 생각했는데 가만히 귀 기울이니 은근히 시끄러웠다.

어쩌면 나는 여기서도 조용한 편이었다.

그런데 '이 소리들은 꼭 필요한 소통인가?'라는 생각이 들었다. 정보의 홍수에 살다 보니 숲속의 소리까지까지 진정성을 의심하는 것 같아 헛웃음이 나왔다. 숲속에서 들었던 다양한 소리 중에서 정확하게 인식하지 못한 소리를 기록에서 제외하다가 '우리가 사는 세상도 추측의 목소리를 줄이고 꼭 필요한 소통만 한다면 갈등이 줄어들 것 같다'는 생각을 했다.

**자작나무 숲에 한 줌의 햇빛이 파고드니
나무줄기가 화사하게 빛나 주변까지 환해졌다.**

빛은 어떤 모양이든 반사를 한다는 생각이 들었다.

빛이 들어선 구간만 환하다 보니 숲속의 명암이 확연하게 구분되었다. 자작나무 숲에 바람이 지나가니 나뭇잎이 서로 부딪히며 청량한 소리를 냈다. 마치 머리를 맞대고 사이좋게 소곤거리는 것처럼 보였다.

자연의 소리는 언제 들어도 좋다. 예전에 보리밭에서 들려오는 소리가 좋아서 길을 멈추고 계속 들었던 기억이 떠올랐다. 잘 익은 보리밭에 바람이 불면 보리 이삭들이 서로 부딪히면서 "수수수수"라는 소리를 냈다. 눈을 감으면 마치 바닷가 파도 소리처럼 시원했다. 이 소리가 들리면 곧 수확이 가까워 풍년의 기쁨까지 줄 것이다.

잘 익은 소리는 역시 다르다.

익을 때까지 냈던 소리와 다르다. 사람도 익기 전에는 불평의 목소리가 더 큰 것 같다.

물소리 역시 "졸졸졸졸" 흐르는 개울 소리보다 "싸사사사" 흐르는 시냇물 소리가 가슴을 시원하게 해준다.

빗소리 또한 추적추적 지루하게 내리는 것보다 강한 소나기가 좋다. 소낙비가 내리면 자동차 선루프에 떨어지는 빗소리가 듣고 싶어서 운전할 때가 있다. "따다다닥" 소리가 머리 위에서 들리고 빗방울이 수직으로 떨어지는 광경을 올려다보며 비를 맞지 않고도 낭만에 젖는다. 이를 누리고자 선루프 사양을 선택했다.

퍼붓듯 내리는 빗방울이 아스팔트에서 튕겨 올랐다가 다시 떨어져 흘러가는 모양이 자동차 헤드라이트에 비치면 황홀할 정도로 아름다운 풍경이 연출된다. 그런데 짧은 소낙비로 운전하는 동안 빗소리가 그치면 흥분도 사라지고 그 많던 빗물이 금세 어디로 사라졌는지 신기하다.

우리는 살면서 좋아하는 소리만 들을 수는 없다. 불가피하게 싫은 소리도 듣게 된다. 때로는 듣기 싫은 소리도 좋게 들어야 할 때가 있다.

자연의 소리들은 오랫동안
한결같은 목소리를 내는 것 같다.

이에 비해 나는 목소리를 많이 바꾼 것 같다. 바른 목소리
도 있었지만 그렇지 않은 불평, 비난, 원망, 증오가 담긴 목소
리도 함께 내면서 살았다. 한결같이 같은 소리만 내는 자연을
경험하며 이 모든 것을 감사의 소리로 바꾸는 것이 필요함을
배웠다. 오직 한 가지 목소리를 내야 한다면 감사를 선택할 것
이다.

15

관심

**도무지 무엇에 관심이 있는지 잘 몰라요!"라고
말하는 사람들이 있다.**

　사람은 관심 있는 것에 돈을 쓴다. 마음씨 예쁜 집사님 댁
을 방문하고 그분의 관심이 눈에 띄었다. 거실에는 예쁘고 다
양한 모양의 그릇들로 가득했다. 대학에서 미술을 전공한 안
목으로 진열까지 남달랐다. 전시된 그릇을 구경하며 트렌드
변화까지 파악하게 되었다. 이렇게 삶의 공간을 둘러보면 특
색이 파악된다.

　그림, 사진, 도서, 음반, 인형, 피규어, 옷, 가방, 신발, 전자제
품, 식물, 분재, 수석, 도자기 등. 관심 있는 것들은 삶의 공간
에 쌓여간다. 단순한 흥미로 시작한 것이 시간이 지나면 상당

한 실력이 된다. 관심에 시간과 돈이 더해지면 해당 분야의 전문가로 성장한다.

주거 공간에서 관심사가 눈에 띄지 않으면 생활에서 관심사가 드러난다. 스포츠를 좋아한다면 사람들과 함께 저녁과 주말 시간을 운동 약속으로 가득 채울 것이다. 낚시를 좋아한다면 망망대해를 누비거나 그러한 계획을 세우게 된다. 재테크에 관심 많다면 저평가된 잠재 가치를 선택하느라 집중한다. 이는 판단 능력에 따라 자본이 잠식당하거나 배가되는 기쁨을 누릴 것이다. 자동차를 좋아하는 사람은 운전대를 잡으면 눈동자가 달라진다. 그리고 하룻밤에 모든 걸 파악하겠다며 덤벼드는 폼이 마치 늑대 같다. 급가속과 감속, 극한의 코너링까지 위험스러운 운전을 통해 성능에 대한 자신의 평가를 주변에 전파한다.

관심 있는 만큼 지식은 쌓이고 그것을 표현하고 싶어진다.

누구나 자신이 아는 바를 표현해야 살맛을 느낀다. 따라서 관심사는 평소의 언어를 통해 드러난다. 평소 어떤 이야기를 많이 하는지를 보면 평소 무엇에 관심이[33] 있는지 드러난다. 주식, 부동산, 정치, 경제, 스포츠, 건강, 영화, 공연, 종교, 이성, 맛집 등 관심사가 언어로 표현된다. 그래서 주변과 일상

---

33) "네 보물 있는 그곳에는 네 마음도 있느니라"(마 6:21)

의 소통은 관심 있는 이야기로 가득 찬다. 특히 연예인과 같은 공인에 대한 관심사는 내 이야기처럼 많이 하기도 한다.

우리가 살면서 가장 많이 할 이야기는 무엇일까?

생각해 보면 타인의 이야기가 아니라 바로 자신의 이야기다. 그런데 어떤 사람은 자신과 무관한 이야기를 주로 했을 수도 있다. 내 인생인데 다른 사람들의 이야기를 더 많이 했다면 마치 들러리 같아서 서글플 것이다. 가끔은 내 생각을 말하는 것이 어색하고 쑥스러워 쉽게 꺼내지 못할 수 있다. 하고 싶은 말을 못 하고 다른 이야기로 빙빙 겉돈다면 내 의사를 표현 못 하는 사람이 된다. 이것도 쌓이면 내 표현의 가치가 약화될 뿐만 아니라 어떠한 의견을 말해도 중요하지 않게 취급될 것이다.

가족의 대화에서조차도 서로의 삶에 관한 이야기가 빠지고 다른 이야기들로 채우고 있다면 과연 어떠한 유익이 있을까? 서로의 관심이나 생각을 공유하지 않으면 가족이라도 몰라줄 때가 있다. 솔직한 감정을 함께 나눌 때 가족의 끈끈함이 서로를 지탱해 준다. 형제 사이도 서로 중년을 넘기니 관심사에 차이가 나타난다. 모처럼 모였을 때 도란도란 이야기를 나누며 지난 시간들을 나누고 싶지만 이야기보다 운동을 좋아하는 형님들은 골프나 당구 등으로 정을 나눈다.

사람은 관심받을 때 행복이 부풀어 오른다.

관심에는 따스한 마음이 담겨있다.

그래서 관심을 받을 때 우리는 힘이 생긴다. 내게 베풀어준 따뜻한 관심이 황송해 어찌할 바를 모르는 송구한 마음은 기억에 오래도록 남는다. 특별히 어려운 순간에 직면했을 때 먼저 다가와 도움을 건넨 손길을 결코 잊지 못한다. 아무런 대가도 없는 희생적 섬김을 받았을 때의 고마움은 말로 표현하기 어렵다. 하지만 대가를 바라는 도움은 계산적이라 씁쓸하다. 마치 교통사고가 빈번한 도로변에 대기하던 렉카가 달려와 도와주고 청구서를 내미는 격이다. 하지만 인적이 드문 도로에서 갑자기 차가 고장나 고립된 순간에 먼 길을 찾아와준 렉카는 무척 고맙다.

도움을 받았을 때 상대가 사례를 요구하지 않아도 당연히 해야 할 것 같은 기분이 드는 도움도 있다. 이럴 때 대가를 준비하지 못하면 불편한 부담감이 쉽게 사라지지 않는다. 그래서 달갑지 않은 도움이라 느낀다. 그리고 괜한 도움을 받았다고 속으로 불평한다. 관심 자체는 좋은데 어떤 목적인지가 중요하다.

우리에게 관심은 마치 차가운 날씨에 비추는 따뜻한 햇살과도 같다. 관심만으로도 훈훈한 위로가 된다는 것이다. 반면 대가를 품은 관심이라면 상대를 참담한 상황으로 몰고 갈 수도 있다. 또한 관심이 집착으로 변질되면 추한 욕망만 남는다. 하지만 집착이 사라지면 제대로 볼 수 있다. 그래서 지금의 관심을 아름답게 지키도록 노력해야 한다.

16

고음불가

개그콘서트에「고음불가」라는 코너가 있었다.

노래를 잘 부르다가 고음을 내지 못해 어색한 흐름을 만들어 웃음을 주었다. 사실 그 코너의 주인공인 개그맨 이수근 씨의 노래 실력이야 탁월하지만 고음을 자연스럽게 부르지 못하는 나는 크게 공감했다. 고음을 제대로 살리지 못하면 완성도 높은 노래를 부르기 힘들다. 노래를 잘 부르려면 발성, 호흡, 피치, 발음, 박자, 리듬, 빠르기 등 생각할 부분이 많다.

목소리는 성대의 진동으로 발생한다. 목의 힘으로만 내는 소리는 성대 근육에 무리를 주고 부드럽게 들리지도 않는다. 안정적인 발성을 위해서는 입천장에서 연구개가 크게 열려 소리의 통로 면적이 커져야 한다. 하품하듯 입을 크게 벌릴 때 연구개가 확장된다(아래 그림의 음영 부분 참조).

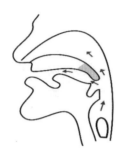

또한 성대의 진동 횟수를 늘려 소리를 부드럽게 내기 위해서는 상복부가 팽창하도록 배에 힘을 준 상태로 호흡하며 소리를 낸다. 이때 성대의 파장을 일으킨 공명이 머리에서 느껴지고 그 울림을 밖으로 밀어낸다. 소리의 방향은 직선이 아니라 포물선에 가깝다. 마치 던져진 공이 날아가서 바닥에 떨어지듯 내 소리가 얼마큼 전달되는지 위치를 파악하여 거기까지 소리를 보내는 것을 연습한다.

입을 많이 열면 부푼 반죽처럼 소리가 풍성해진다.
반면 입을 작게 열면 소리가 가늘어진다. 입을 크게 열고 복식 호흡을 하면서는 노래 부르기가 쉽지 않지만 계속 노력하면 어색했던 노래가 잘 다듬어질 것이다.
노래는 첫 음이 중요하다.
피치(Pitch)는 음의 높이를 말하는데 피치가 떨어지지 않게 호흡을 유지하는 것이 중요하다. 음표 길이만큼 호흡이 끊기지 않고 끝까지 채우는 연습이 필요하다. 발음과 발음은 뚝뚝 끊기는 느낌이 아니라 밀가루 반죽처럼 끈끈하게 붙어 움직이는 느낌으로 노래한다. 결국 노래는 부드러운 곡선이다. 곡선에서 벗어나지 않도록 피치를 부드럽게 유지할 때 완성도 높은 노래가 완성된다.

노래는 가사를 이해하면서 부르면 더욱 잘 표현하게 된다.

가사를 꼼꼼히 읽어보면 감정이 샘솟는 부분이 생긴다.

같은 곡이라도 부를 때마다 다른 느낌을 받는다. 감정에 따라 표현이 다르기 때문이다. 음악의 표현에는 정답이 없다. 그러나 합창은 최대한 표현을 맞추어야 한다. 합창을 하기 전 발성 연습으로 자신의 소리와 옆 사람의 소리를 듣고 발성과 발음을 맞추는 것이 블렌딩이며 좋은 블렌딩은 아름다운 소리로 울려 퍼진다.

노랫말이 정확하게 들리지 않을 때 입을 크게 열어야 발음이 또렷하게 들린다. 옹알거리면 가사의 전달이 떨어진다. 자음의 발음을 밖으로 정확히 내야 노랫말이 선명하게 들린다.

음악을 함께하기 위해서는 음표와 쉼표를 지켜야 한다. 소위 콩나물 대가리라 불리는 음표는 엄청난 창작이라고 생각된다. 오선지 위에 자리 잡은 음의 높이와 길이를 한눈에 알아볼 수 있다. 다양한 악상 기호가 악보에 존재하는데 기호를 모르고 부를 수도 있지만 기호가 붙여진 의도에 맞추어 표현할 때 노래의 완성도가 높아진다. 물론 많은 노력이 필요하지만 말이다.

음악은 박자에 따라 일정한 규칙을 유지하는 셈과 여림이 있다. 강약, 강약약, 강약중강약, 강약약중강약약 등 강에 밀어내고 약에 들어온다. 밀고 들어오는 연습을 많이 해야 한다. 마치 나사산처럼 확장과 축소의 연속이다.

가령 악보에 P 기호를 보고 어떻게 표현할지 생각하며 노래를 부르면 느낌이 달라진다. 여리게 P 소리를 내기 위해서는 먼저 입을 크게 열고 입김을 부는 것처럼 소리를 펼친다. 매우 여리게 PP 소리는 긴장을 풀고 입을 더 많이 열어 공기 7에 소리 3의 비율로 소리를 낸다. 점점 여리게 dim 소리는 이마 위에서 시작된 소리가 마치 주파수가 멀어지듯 서서히 사라지게 한다. 이러한 느낌의 표현은 연습을 통해 몸에 익혀야 한다.

빠르기는 악보의 첫 머리에 표시되어 있는 빠르기를 유지한다. 하지만 악보 중간중간에 빠르기에 변화를 주면 음악의 느낌이 달라진다.

박자와 빠르기는 스스로 노력하여 몸에 익히지 않으면 어려운 부분이다. 합창에서는 누군가의 소리를 듣고 따라 부르거나 먼저 소리 내면 민망함을 초래한다. 방법은 지휘를 볼 줄 알아야 한다. 합창대가 지휘를 보는 것은 박자를 맞추기 위함이다. 빨리 가거나 늦어지는 것을 맞춘다. 왼손에는 박자를 주고 오른손으로는 음악을 표현한다. 특히 엇박자에 소리가 시작되면 지휘자의 호흡 사인에 따라 호흡하고 들어가야 깔끔한 합창이 된다.

노래할 때 표정도 중요하다.

밝은 미소를 지으며 부르면 예뻐 보인다.

표정도 노래만큼 연습을 해야 할 영역이다. 노래 부르며 자연스럽게 나오는 흥을 살릴수록 노래에 깊숙이 빠진다. 이렇게 노래 부르면 행복이 파도를 친다. 지금까지의 설명이 노래를 잘 부르고 싶은 사람들에게 도움이 되었으면 좋겠다. 음악은 100을 연습하면 70을 발휘하는 것 같다. 나 역시 성가대에서 지휘자께 다양한 음악이론과 표현을 배우고 연습했지만 막상 무대에 서면 연습한 대로 되지 않았다. 에너지를 주는 사람이 되고 싶다면 노래를 잘 부르는 연습이 필요하다. 노래는 삶에 위로와 에너지를 주기 때문에 사람은 노래를 즐겨야 한다.

그런 측면에서 오디션 프로그램 「싱 어게인」을 보며 행복했다. 귀에 익은 원곡의 멜로디보다 더 매력적으로 편곡한 노래들을 들으며 감탄했고 따스한 위로를 받았다. 그리고 새벽까지 흥얼거리느라 밤잠을 못 이루었다. 어쩌면 이 글을 쓰면서도 오디션을 치르는 느낌으로 최고를 만들어 보자는 동기부여까지 갖게 된 듯하다. 책과 노래는 삶에 힘이 된다고 믿는다.

17

목

목은 머리와 몸통을 이어주는 신체 부위다.

또한 머리를 지탱하며 뇌로부터 각 지체까지 혈관을 연결하는 중요한 부분으로 식도, 호흡, 호르몬 분비, 발성 등의 기능을 담당한다.

현악기에도 목이 있다. 목에 놓인 현을 손가락으로 누르고 활을 튕기거나 마찰을 시키면 소리가 발생되어 몸체에 전달된다. 몸체는 울림통으로 소리를 확장시키는 역할을 한다. 처음 제작된 악기를 구입해서 계속 연주하다 보면 실력도 향상되겠지만 세월만큼 울림통의 소리도 길들여진 듯 소리가 제법 풍부해진다.

마치 사람과 같다.

처음에는 목에 힘을 주어 노래를 부르다가 복식호흡을 하면서 소리가 풍성해져 듣기 좋게 되는 것처럼 말이다. 그래서 판소리의 창법을 배우는 과정을 목이라 부른다. 이는 명창으로 거듭나는 중요한 과정이다. 음악에서도 목은 중요한 용어로 쓰인다.

지리적으로 목은 중요한 거점을 말한다.

고려의 지방 행정조직을 목(牧)이라 불렀고 12목을 설치하여 지방을 통제하였다. 12목은 오늘날 도시로 성장 발전하였다. 목으로 지정된 곳은 정치와 행정의 중심지로 자리 잡기 위해서 교통이 반드시 해결되어야 한다. 이로써 "목이 좋다"라는 말이 유래될 만큼 교통의 인프라가 발전하게 되었다. 오늘날에도 일자리를 비롯해 다양한 이유로 유동 인구가 많은 지역은 교통의 특혜를 누리고 있다.

바둑판에서 가로와 세로 선의 교차점을 목이라 한다.

가로 19줄과 세로 19줄이 만나는 지점인 목은 361개 존재한다. 같은 돌을 잇따라 다섯 개 놓으면 이기는 게임을 '오목'이라 한다. 돌이 이어지는 목이 차단되지 않아야 승산이 높다. 바둑에서는 상대방의 입장에서 수읽기를 하여 포석하면 승산이 높다. 2016년 이세돌 9단이 알파고를 상대로 1승을 거둔 것은 AI도 예상하지 못한 목을 파고들었기 때문이다. 목을 찾아내는 것은 중요한 승부처가 된다. 상황에 따라 달라지는 목을 먼저 파악하고 차지하는 것이 결국 실력이 된다.

바둑과 장기는 목에 놓이는 반면 체스는 칸을 차지한다.
바둑은 빈 공간에서 시작해 세력을 키워 상대보다 집이 많으면 이긴다. 반면 체스와 장기는 완벽히 진영을 갖춘 다음에 시작해 행마법대로 기물을 움직여 왕을 잡으면 이긴다. 기물을 잃어갈수록 공격력은 떨어지고 방어만 해야 한다. 판세가 기울어진 장기에서 외통수는 흔하지 않지만 체스는 열세에서도 체크메이트(Checkmate) 기회를 만들 수 있다. 이겼다고 생각하는 순간에 꼼수에 당할 수도 있다. 우리 삶에서도 분명 확실하게 이겼다고 생각했는데 불쾌하게 뒤집힌 경험이 있기에 체스가 더욱 매력적인 것 같다.

길에서의 목은 길목이라 불린다.
길목은 큰 길에서 좁은 길로 들어서는 좁아진 어귀나 중요한 통로가 되는 위치이다. 사냥꾼은 짐승이 지나다니는 길목을 알면 포획할 가능성이 높다.
유년 시절 올가미에 걸린 토끼를 들고 산에서 내려오는 하씨 아저씨를 자주 보았다. 하 씨 아저씨는 분명 길목을 알고 있었다. 다른 아저씨들도 산에서 내려왔지만 운동 삼아 다닌다고 말했다.
매 역시 한 번 착지했던 자리만 다시 찾는다.
유년 시절 마을 어귀에 세워진 전봇대 위에 앉아 있는 매를 가끔 보았다.

어느 날 그 전봇대에 거꾸로 매달려 힘겹게 날개를 퍼드덕거리는 매를 마지막으로 보았다. 누군가 포획하고자 놓아둔 차고에 다리가 끼였던 것이다.

한국전쟁에서 한강 다리는 중요한 길목이었다.

기습 공격에 노출되더라도 건너야 했다. 그래서 다리를 무사히 넘는 것만으로도 안도의 한숨을 쉬었던 것이다.

짝사랑하는 상대와 자주 마주치려면 상대의 길목을 알아야 한다. 다양한 골목을 파악하는 것은 크게 도움이 되지 않는다. 잘 다니는 길목을 찾는 것이 중요하다. 상대가 공부에 관심이 많다면 도서관을 찾아야 마주할 확률이 높다. 자주 마주치면 인연이라고 생각할 수 있다. 누군가에게 길목은 인연을 만들어가는 통로가 된다.

상인들이 바라는 날은 대목이다.

대목은 명절을 앞두고 경기가 가장 활발한 시기를 말한다.

장날이면 명절 특수를 잡기 위해서 일찍부터 서둘러 좋은 장소에 자리를 잡는다. 자리에 따라 매출 차이가 달라지는 것을 상인들은 알고 있다. 항상 대목이 지속되기를 바라지만 이때가 지나면 휴가철이 지나버린 해변처럼 썰렁해진다.

가족에게 가장 필요한 것은 화목이다.

그래서 부모의 역할은 화목보일러와도 같다.

화목보일러는 스위치 한 번 눌러서 따듯해지는 편리함과는 달리 고된 수고가 필요하다. 불을 지피기 위해 연기에 노출되고 직접 나무를 투입해서 불을 피우는 만큼 화재의 위험성이 따르기에 손이 많이 간다. 반면 바닥 난방만큼은 지역난방과 비교불가다. 가족이 따듯하게 머물도록 안전하게 불을 지피듯 부모의 배려와 헌신이 가정을 화목하게 만든다.

가족이 머무는 공간은 정다움이 가득한 화목 그 자체여야 한다. 화목은 가족에게 꼭 필요하다. 화목한 가정에서는 목적(目的)과 목표(目標)를 서로 공유하여 에너지를 하나로 모은다.

목(目)은 신체 부위에서 눈을 가리키며 시야와 방향성의 나침반 역할을 한다. 목적에 이끌려 목표로 향하고 있는지 부모는 자녀의 미래를 위해서 돕는다. 그래서 화목을 바탕으로 목표를 향해 서로를 응원하는 것이 가족의 모습이다.

18

도서관

오래간만에 도서관에 갔다.

직장 생활을 시작하니 책을 볼 틈이 나지 않는다.

잊었던 도서관의 향기가 가슴에 파고들었다. 한 시간 정도 흐르니 잔잔한 행복으로 채워졌다. 커피와 함께 하는 독서시간이 너무 좋다. 메였던 일상의 틀에서 벗어나 정신적 자유를 누렸다. 일상에 메인 현재의 생각을 바꾸는 시간은 독서이든 음악이든 운동이든 무엇이든 소중하다.

종일토록 도서관에서 살다시피 하던 시절이 있었다.

희망을 품었지만 불안했던 시기였다. 종일토록 도서관에 있는 건 분명 보통일이 아니다. 목표가 있어도 체질화가 요구

된다. 그렇지 않고는 불가능한 노릇이다.

도서관에서 보냈던 시간은 고달픈 시간이었다. 하지만 고달픔 자체로 끝나지 않는다. 미래를 위해 노력한 시간은 결코 배신하지 않는다. 목표를 이루는데 바탕이 되기도 하겠지만 목표를 이루지 못했더라도 도서관에서 묵었던 시간은 결코 허송세월이 아니었다. 삶에 토양이 되어 꽃을 피우고 열매를 맺게 한다.

입출력은 고달프다.

억지로 머리에 채우려 애쓰는 과정! 그 어려움은 겪어본 사람만이 이해한다. 같은 내용을 계속 익혀도 얼마 지나면 잊어버린다. 계속해서 입력해야 하는 반복의 고달픔이 누적되어야 내 것이 된다.

더 강도 높은 고달픔은 머리에 있는 것을 빼내는 작업이다. 학창 시절에 치렀던 시험이 떠오른다. 그리고 원고를 준비하며 경험했다. 별로 채운 것도 없는데 머리를 쥐어짜는 게 여간 어려운 게 아니었다. 채웠다면 빼내는 것이 섭리건만 채우는 것보다 빼내는 것이 더욱 어려웠다.

공부를 위한 공간이 도서관이었는데 원고를 준비하며 도서관을 다시 찾았다. 인생에 있어 중요한 준비를 하는 최적의 장소로 도서관이 되었다. 내가 꿈꾸는 것을 이루기 위한 최적의 준비 장소는 어디일까? 이 장소를 간직하는 것은 자신의

무기이다. 꿈을 준비할 때 최적의 장소를 갖는 것은 꼭 필요한
준비다.

사람은 무언가를 글로 표현할 때 정직해야 한다.

정직하지 않은 것을 글로 담아낼 수 없다. 인용했더라도 자
신이 추구하는 바를 가져온 것이다. 그래서 책을 읽으면 저자
의 품은 생각이 드러난다. 그렇게 책을 저술한 저자가 좋다.
때문에 저술이 거짓이라면 이는 대단한 위선이다. 저술한 대
로 실천하지 못하는 것과는 별개의 문제다. 글에는 저자의 생
각이 담겨있어야 한다.

책을 읽는 사람들은 항상 책을 찾는다.
그만큼 얻는 것이 크기 때문이다. 책을 통해 편협한 시야가
넓어지고 막혔던 마음이 풀린다. 결국 자신의 울타리를 넘어
변화를 이룬다면 이 얼마나 큰 소득인가!
원했던 책을 만나면 오랫동안 기다려온 이상형을 만난 것
같이 설렌다. 반면 오래전부터 책과 담을 쌓은 사람도 있다.
이 사람도 어떤 계기로 독서의 계절을 만나길 바란다. 때로는
독서의 계절이 짧을 수 있다. 하지만 이 순간을 넘어서면 책은
항상 곁에 있을 것이다.
책을 읽는 독자가 있기에 책을 쓰는 사람도 있다. 독자들에
게 고마운 존재이다. 반대로 저자의 입장에서 독자들은 소중
한 사람이다. 특히나 요즘은 더욱 그렇다.

PART 3

믿음과 은혜의 곳간

"

믿음과 은혜에 관한 생각으로
신앙, 믿음, 사랑, 결산, 열쇠, 안목, 욕망, 교만, 해석, 장례, 은혜 등을
담은 곳간이다.

"

I

드라마

둘의 만남은 일터에서 시작되었다.

서로 도움을 주고받으며 서서히 사랑이 싹트기 시작했다.

연인처럼 가까워졌을 때 둘 사이에 개입이 시작되었다. 같은 팀에서 일을 가르쳐주었던 경이 씨가 남자에게 고백을 했다. 그리고 정이 씨에게도 새로운 상대가 나타나 마음을 흔들기 시작했다. 그 상대는 회장님의 둘째 아들로 지금까지 경험하지 못했던 재벌 문화를 정이 씨에게 보여주었다.

재력에 매료된 그녀는 잠시 갈등했지만 결국 순수한 사랑을 선택했다.

돈을 사랑에 대입시키면 언젠가 후회할 것이라고 예감했다. 무엇보다 서로 도우며 쌓은 사랑을 놓치기 싫었다. 그런데 남자도 버금가는 재력가의 아들이란 사실을 알게 되었다. 그리고 상황에 변화가 생겼다. 남자는 갑자기 회사를 퇴직하면서 정이 씨에게 얼마간 시간이 필요하다고 부탁했다.

그 후로 연락이 두절되어 그녀로서는 무척 혼란스러웠다. 사실 남자는 경영권 소송에 휘말린 아버지를 뒤에서 돕느라 보안상 전화번호를 바꿔야 했다.

어느덧 소송 준비가 되었을 때 정이 씨가 보고 싶어 연락을 했지만 전화번호를 바꾼 듯 통화가 안 되어 회사로 찾아갔다. 그런데 얼마 전 퇴직했다는 소식을 듣고 남자는 충격을 받았다. 그때 경이 씨가 다가와 이야기를 나누었다. 정이 씨가 퇴직하는 날 편지를 부탁했는데 사실 만나게 되더라도 전해줄까 말까 고민을 많이 했다며 건넸다. 편지를 읽다가 그만 감정에 북받쳐 눈물을 흘렸다. 그리고 남자는 그동안 모든 이야기를 경이 씨에게 털어놓았다.

시간이 흐를수록 정이 씨에 대한 그리움이 간절해졌다.
어느 날 정이 씨와 함께 걸었던 거리를 걷던 중에 그녀와 운명처럼 마주쳤다. 머뭇거리는 동안 정이 씨가 다가와 와락 안겼다. 얼마 전 회사 앞을 지나다 우연히 경이 선배와 마주쳤다고 했다. 그리고 남자의 사정을 듣고 자신의 오해가 풀렸다고 말했다. 남자도 그동안 말 못 했던 힘겨웠던 마음을 털어놓았다. 서로의 솔직한 마음을 확인하고 사랑이 견고해졌다. 정이 씨는 경영권 소송에 함께 참여하여 돕겠다고 제안했다.

드라마와 비교해 현실은 사뭇 다르다.

뜻밖에 친구를 우연히 마주친 적은 있지만 만나고 싶었던 사람과 운명적으로 마주치는 건 드물다. 설령 마주친 데도 특별한 계기가 생기지 않으며 그저 스치듯 시야에서 사라진다.

또한 실연에 힘겨운 나를 적극적으로 도와줄 사람도 드문 것이 현실이다. 설령 나를 대변해 줄지라도 나의 진심과 다르게 본인 생각을 말할 때가 많다. 그래서 도움은 고사하고 방해라도 하지 않았으면 좋겠다고 생각한다. 이것이 현실이다. 그저 그리움을 가슴에 간직한 채 세월을 견디며 살아간다.

또한 현실에서는 드라마와 같은 극적인 인물 반전은 없다. 처음 관계가 그대로 유지되면 다행이다. 앞으로 실망하는 일만 늘어가는 것이 안타까울 뿐이다. 살수록 좋은 남편 또는 아내라는 말은 세월이 흘러 정이 들고 소중함을 느낄 때 나온다.

드라마에서 주인공은 끊임없는 사건의 연속 가운데 좌절하지 않고 목표를 향해 매진한다.

다양한 갈등을 꿋꿋하게 견디고 인내한다[34]. 모든 상황 가

---

34) "너희의 인내로 너희 영혼을 얻으리라"(눅 21:19)

운데 한결같은 매너로 바른 성품을 잃지 않는다. 외모와 태도가 정말 완벽에 가까워 빈틈이 없다. 주인공과 대립각이 된 인물은 악역의 역할을 제대로 수행한다. 계속해서 갈등을 만들어 주인공을 흔들어 놓는다. 이때마다 주인공은 사건에 휘말리고 오해까지 받지만 순리대로 풀어나간다. 마지막에는 악역도 주인공을 인정해 주고 사과의 손길을 통해 화해로 마무리된다.

하지만 현실에서는 연속적인 사건에 놓이는 경우는 매우 드물다. 분주하지만 평범한 일상이다. 주변과의 대립에서도 일방적인 양보나 인내가 없다. 조금이라도 손해를 덜 보려 애쓴다. 불리한 조건이면 법적 대응을 통해서 해결하려 한다. 드라마의 주인공을 좋아하지만 그렇게 되려 하지 않는 것이 현실이다.

**드라마가 현실은 아니지만 현실에서 누리지 못하는
대리 만족을 주므로 사랑을 받는다.**

그러나 드라마가 현실과 완전히 동떨어진 이야기가 아니라 현실에 바탕을 두고 있기에 사실적으로 느껴진다. 사람들은 드라마에 흠뻑 빠져 마치 자신의 일처럼 함께 울고 웃는다.

독특한 캐릭터의 등장인물이 많을수록 이야기는 다양해지고 재미가 넘친다. 등장인물 측면에서 보면 성경의 위치를 따라갈 책은 없을 것이다. 그래서 성경을 드라마의 관점에서 바라보았다.

성경과 드라마를 비교하면 공통점과 차이점이 존재한다.

공통점은 이야기가 있다는 것이다.

구약에는 천지창조, 에덴동산, 노아의 방주, 유대인의 시조 아브라함, 이삭의 순종, 천사와 겨룬 야곱, 이집트 총리 요셉, 갈라지는 홍해, 십계명을 받은 모세, 여호수아와 땅 분배, 기드온과 삼손, 제사장 사무엘, 첫 번째 왕 사울, 골리앗을 물리친 다윗, 지혜의 왕 솔로몬, 이스라엘의 멸망, 이사야의 메시아 예언 등. 놀라운 이야기들로 드라마와 견주어 뒤지지 않는 시나리오를 가지고 있다.

또 하나의 공통점은 주인공이 있다는 것이다.

드라마에서는 주인공을 중심으로 이야기가 전개된다. 성경에서는 메시아인 예수 그리스도께 초점이 모아진다. 구약에서는 오실 메시아를 그리고 신약성경에서는 오신 메시아를 다음과 같이 이야기한다.

베들레헴 마구간에서 출생, 광야에서 시험, 제자를 부르심, 가나안 혼인잔치에서 기적, 니고데모와 대화, 산상수훈, 오병이어 기적, 천국 비유, 죽었던 나사로를 살리심, 죽음의 도시 예루살렘 입성, 성전에서 상인을 추방, 향유를 부은 마리아에게 칭찬, 최후의 만찬, 성찬식, 겟세마네 동산에서 기도, 세 번 부인할 베드로를 향한 변함없는 사랑, 십자가에서 죽음, 부활, 마지막 날에 재림까지. 이상은 예수 이야기의 줄거리이다.

분명한 차이점은 드라마는 작가가 만들어낸 상상이지만 성경 이야기는 하나님께서 함께하신 역사이다.

따라서 하나님의 놀라운 교훈(디모데후서 3:16)이 담겨있다. 이를 발견하여 적용하면 축복을 누린다. 결국 성경은 드라마와 달리 현실이라는 점이다. 그래서 살면서 마주하는 현실적인 고민을 결정하는데 도움을 받는다. 무엇보다 구원을 알게 해준다. 이것이 성경의 핵심이다.

성경에는 위대한 사랑의[35] 메시지가 담겨있다.

처음에는 도무지 그 사랑을 이해하기 힘들 것이다. 하지만 세상에서 가장 귀하고 중요한 이야기이다. 그러나 믿음이 없으면 아무런 의미를 느끼지 못한다. 그래서 자신과 무관하다고 여기면 실제로 전혀 상관이[36] 없게 된다. 하지만 성경의 주인공을 나의 삶의 중심에 모신다면 예전과는 차원이 다른 생에 드라마가 시작될 것이다.

---

35) "하나님이 세상을 이처럼 사랑하사 독생자를 주셨으니 이는 그를 믿는 자마다 멸망하지 않고 영생을 얻게 하려 하심이라"(요 3:16)

36) "…이 사람들을 상관하지 말고 버려 두라 이 사상과 이 소행이 사람으로부터 났으면 무너질 것이요"(행 5:38)

2

바벨

바벨탑이 좌초되는 과정

창세기 11장 바벨탑 이야기는 하늘까지 높아지고자 원했던 인간의 욕망으로 건설되던 바벨탑이 좌초되는 과정에 독특한 점이 있다.

시작은 하나의 언어로 모였지만 언어가 혼잡하게 되면서 소통에 문제가 생기고 갈등이 누적되면서 결국 건설이 중단되었다. 이후 사람들은 곳곳으로 흩어지게 되었는데(창세기 11:1-9) 인간의 오만함을 굴복시킨 도구로 언어를 사용하셨다는 점이 상상을 초월한 사건이었다.

언어는 자신의 생각을 표현하는 도구이다.

그래서 언어가 다르면 소통의 문제로 인해 서로의 생각들을 공유되기 어렵다. 소통이 가능한 사람들끼리는 더불어 살면서 민족을 형성하고 공통의 문화를 만든다. 오늘날 백만 명이상의 인구가 사용하는 언어가 약 250가지라고 하니 지구상에 상당히 많은 언어들이 존재한다. 다른 민족의 문화를 이해하는 것은 사람 사는 모습이 비슷해서인지 쉬운 구석이 많다. 그런데 모국어 외에 다른 언어를 익히기는 것은 어렵다. 다른 언어를 습득하게 되면 그렇지 못한 사람들보다 유리한 위치에 선다.

중국 여행 중에 난처한 돌발 상황이 발생했다.

이때 누군가 나서서 현지 사람들과 원활히 소통한다면 일행들은 이 광경에 주목할 수밖에 없을 것이다. 그의 말이 거짓일지라도 일행들은 믿을 수밖에 없을 것이다. 언어의 위력이 발생하는 순간이다.

그런데 인간은 언어에 반기를 들기 시작했다.

인간의 기술로 언어의 장벽을 줄여가고 있으며 완전히 언어의 장벽이 완전히 허물어질 것이다. 다른 언어를 전혀 몰라도 언어 번역 서비스를 이용하면 모든 언어를 쉽고 편리하게 파악할 수 있을 것이다.

여행 중에 발생하는 돌발 상황도 언어 번역 서비스 앱을 통해서 충분히 해결할 수 있을 것이다. 더 나아가 AI 동시통역 서비스를 이용하면 의사소통이 가능해진다. 그렇다면 굳이 열심히 다른 나라의 언어를 공부할 필요를 느끼지 못하는 날이 도래되고 더욱 심화될 것이다.

바벨탑!

하나님만큼 높아지고자 원했던 욕망의 결과로 언어가 혼잡해졌다. 그런데 언어를 복잡하게 만드신 하나님은 언어 서비스를 어떻게 보고 계실까? 분명한 점은 창세기 11장의 교훈과 같이 인간이 이루어 낸 모든 기술 발전의 결과물이 인간의 욕망을 채우는 지식의 바벨탑을 쌓은 것이라면 우리가 상상하지 못했던 결과를 경험할 수도 있다는 생각이 들었다.

한편 모국어 성경 번역이 아직 완성되지 않은 언어들은 마치 마틴 루터가 독일어로 성경을 번역한 결과 종교개혁에 영향력이 확장된 것처럼 AI의 도움을 받아 모국어 성경을 듣고 복음이 확장되는 상상을 했다. 이와 더불어 15세기 인쇄술 발전이 복음 전파에 공헌했던 것처럼 AI의 도움으로 복음이 온 세상에 전파되는 기분 좋은 상상을 했다.

"하나님의 말씀은 흥왕하여 더하더라"(사도행전 12:24)

3

주일학교

주일학교가 소중한 이유는
공교육에서 다루지 않는 성경을 가르치기 때문이다.

만약 학교에서 성경을 가르치고 국영수에 준하는 중요 과목으로 선정한다면 성경을 가르치는 학원이 즐비할 것 같은 상상해 본다. 성경은 깊이 있게 들어가면 결코 쉽지 않은 내용들로 가득하기 때문이다.

주일학교는 성경을 중심으로 가르친다.
그 핵심은 믿음과 사랑이다. 성경을 통해 하나님을 알고 자신의 모습을 깨달아 사람됨의 인격과 성품으로 성장하는 데 도움을 받는다. 그런데 자녀의 행동을 보면 주일학교를 출석하지 않는 친구들과 비교해도 전혀 구별되지 않는다는 걱정의 목소리도 있다. 비록 지금은 어떠한 변화가 느껴지지 않을 수 있지만 세미한 이슬에 외투가 서서히 젖어들 듯 성경 메시지가 계속해서 쌓여갈수록 삶은 거룩한 방향으로 성숙해 간다.

볼 수도 없고 들을 수도 없고 만질 수도 없어 처음에는 확 믿어지지 않는다.

그렇기 때문에 온전한 믿음이 구별된다. 결국 믿음이 있어야 하나님이 비로소 느껴진다. 그래서 같은 성경 말씀을 들어도 듣는 사람마다 받아들이는 차이가[37] 생긴다. 이 차이가 결국 믿음의 그릇이 된다.

믿음의 그릇이 텅 비지 않도록 영유아부터 학창 시절을 거쳐 대학청년부까지 이어지는 주일학교 과정을 성실하게 참여했다면 분명한 성경적 가치관을 지녔을 것이다. 이로써 선한 영향력을 끼치며 필요한 역할을 다하는 존귀한 사람으로 살아가리라 믿는다. 이것이 주일학교의 힘이다.

주일학교의 어렴풋한 추억은 인생의 소중한 자산이다.

내게 사랑과 관심을 베풀어 주셨던 그 시절 선생님의 기억은 오늘의 신앙과 삶에 잔잔한 에너지가 된다. 삶의 무게로 신

---

37) "좋은 땅에 뿌려졌다는 것은 말씀을 듣고 깨닫는 자니 결실하여 어떤 것은 백 배, 어떤 것은 육십 배, 어떤 것은 삼십 배가 되느니라 하시더라"(마 13:23)

앙이 흔들릴 때 선생님이 생각난다. 이러한 도움을 주셨던 선생님을 평생토록 기억한다. 영향력이 되어준 기억은 영원히 잊히지 않는다. 어쩌면 오늘의 신앙을 붙잡는 힘이 되기도 한다.

특별히 수련회 동안에는 선생님과 친구들과 함께 지내며 친하게 된다. 예배, 찬양과 기도, 공과와 코너 학습, 성경 퀴즈, 장기자랑 등의 활동들로 알차게 채워졌다. 수련회의 장점은 집중된 시간을 통해 나를 붙잡고 계시는 하나님의 사랑을 느끼며 믿음으로 채우는 시간이 된다. 그래서 뜨거운 여름을 기다린다.

비록 현재는 믿음이 사라졌지만 주일학교의 추억을 갖고 있는 부모라면 자녀가 주일학교에 잘 다니도록 배려하는 것이 필요하다고 느낀다. 부모의 틀에서 자녀를 가두는 강요보다는 자녀의 선택을 존중하고 배려해 주는 것이다. 더군다나 주일학교는 자녀를 긍정적으로 사고하고 바르게 성장하는데 도움이 된다. 그래서 주일학교의 존재 여부가 교회를 정하는데 중요한 기준이 된다. 문제는 주일학교가 사라지거나 줄어가고 있다는 것이다. 주일학교가 없는 교회는 희망이 없다. 다른 세대를 만들 수 없기에 교회의 노력이 필요하다.

4

송구영신

묵은 해를 보내고 새해를 맞는다

송구영신(送舊迎新)은 관가에서 구관(舊官)을 보내고 신관 (新官)을 맞이했던 유래에서 묵은 해를 보내고 새해를 맞는다 는 뜻이다.

다른 말로는 연말연시가 있다. 이는 한 해의 마지막과 처음 을 이르는 말이다. 묵은 해를 보내며 한 해 동안 수고한 서로 를 위로하기 위해 송년모임을 갖는다. 이런 자리에서 서로를 응원하는 것은 좋지만 '코가 삐뚤어지도록 부어라 마셔라'하 며 소비까지 함께 넘친다.

연말연시에 꼭 필요하건 무엇일까?

한 해를 돌아보며 점검의 시간이 필요하다고 생각한다.

올해 계획했던 리스트를 보며 무엇을 이루었는지 스스로를 평가하는 시간이 필요하다. 시도조차 못했던 계획도 있었을 것이다. 애초에 계획조차 없었다면 연말에 점검할 내용도 없겠지만 마음에 품은 소망이라도 있기에 돌아볼 수 있다.

연말이면 열심히 살아온 자신을 격려하고 때로는 반성하며 자연스럽게 내년 계획을 세우게 된다. 그동안 실천하지 못했던 목표를 향해 열정을 불사르기도 하고 전혀 새로운 포부도 품게 된다. 한 살을 더 먹었으니 이대로 살 수는 없다며 의지를 불태운다.

"존귀한 자는 존귀한 일을 계획하나니 그는 항상 존귀한 일에 서리라"
(이사야 32:8)

때로는 따라 장이로 살아보는 것도 좋다.

사명을 따라, 비전을 따라, 꿈을 따라, 소원을 따라, 희망을 따라…. 그렇게 따라가다 보면 결국 소원의 항구에 다다른 자신을 만날 것이다. 이것이 송구영신에 필요한 것이라 생각한다. 해넘이나 해돋이를 보려고 시간과 비용을 사용하는 것보다 가치 있는 결과를 제공할 것이다.

숫자만 바뀌었지 이제인 작년과 비교해 무엇이 달라졌단 말인가?

이런 회의적인 생각이 새해를 맞이하는 마음을 무디게 만든다.

그래서 해가 바뀌어도 무감각해져 무언가를 새롭게 계획하지 않는다. 어차피 계획해도 이루기 어렵다는 관념에 사로잡혀 시도조차 하지 못하고 체념한다.

그런데 회사 업무는 주도적으로 면밀하게 처리한다는 사실이 아이러니하다. 조금이라도 문제가 생기면 계획을 세워서 철저하게 챙긴다. 그렇게 관리하면 성취한다는 것을 경험했다. 그러나 자신을 향한 계획은 그만큼 민감하지 못하다.

분명 회사 업무처럼 챙겨보면 달라질 것이다.

그러나 무감각해진 자신이 처량해 억지 계획으로 스스로에게 부담을 주기 싫을 때가 있다. 목표를 계획하기 싫을 때 기도문을 작성해 본다. 계획하지 않는다고 해서 소망까지 사라지지는 않을 것이다. 새로운 열정이 샘솟을 때를 기다렸다가 계획하면 된다. 내 삶이 무지 답답했던 어느 해 다음과 같은 기도문을 작성했다.

『주님의 백성을 구원하시는 목자가 되시어
길을 인도하시는 전능하신 주 하나님을 찬양합니다.
모두가 꿈꾸는 미래가 여호와를 경외함에 달려 있음을
믿기에 주의 말씀을 따라 살기 원합니다.
지난 시간을 돌아보면 믿음이 온전하지 못한
불신앙의 모습은 물론 부족했던 충성과 헌신을

회개합니다.

계명을 지키는 노력은 외식과 형식에 치우쳐 사랑도 없이

흉내만[38] 낼 뿐이고 마음 중심에는 그리스도로

채우지 못한 공허한 내면을 회개합니다.

불의를 겸한 소득에도 민감하지 못한 두꺼운 양심과

청지기 자세에 어긋난 모든 경제 활동을 회개합니다.

진노 중에도 긍휼을 잊지 마시길 간구합니다.

추악한 욕망을 떨쳐버리고 정직한 영이

새롭게 되길 원합니다.

그래서 크고 높으신 하나님의 생각을 채우기 위해

성경을 붙잡고 말씀에 힘을 얻기를 원합니다.

주님의 말씀을 준행하는 가운데 아름답고 풍성한

결실로 인하여 현재의 건조한 삶이 변하여 활력 넘치는

부흥을 이루길 소망합니다.

이로써 꿈꾸는 계획들이 샘솟고 구체적으로 실행하고

무엇보다 주님께서 기뻐하시는 길 가도록 나를 가르치시고

인도하셔서 삶의 중요한 가치를 일구어

믿음의 경주가 행복해지길 간구하며

예수님 이름으로 기도합니다. 아멘.』

연말연시를 보내며 정직하게 자신을 돌아보는 시간을 통해

---

38) "내가 사람의 방언과 천사의 말을 할지라도 사랑이 없으면 소리 나는 구리와 울리는 꽹과리가 되고"(고전 13:1)

의미 있는 결정이 나올 것이다. 그중에서 무거운 마음의 짐을 먼저 해결하려 할 것이다. 그것이 신앙의 회복이나 성장일 수도 있다. 그렇다면 세속적인 모습을 벗어나 벧엘로(창세기 35:15) 올라가야 한다. 그곳은 하나님을 만나는 예배의 장소이다.

예배를 통해 얻는 지혜를 적용하면 상상을 초월하는 무한한 가능성이 펼쳐진다. 체증 같은 짐이 순식간에 가벼워지는 경험을 할 것이다.

평소 교회 다니는 것을 싫어한 후배는 부모님의 간곡한 부탁 때문에 부활절 예배와 송구영신 예배만큼은 참석한다고 말했다. 내가 볼 때 그의 부모님은 현명하셨다. 삶의 변화를 만드는 최소한의 계기를 자식에게 제공했다고 생각한다.

사람은 결산할 때 자신을 보게 된다.

한 해의 마지막이면 삶을 돌아보며 신앙의 회복을 되찾으리라 믿는다. 그러나 인생의 마지막 결산에는 더 이상 기회가 주어지지 않는다. 그러니 중간결산을 통해 자신의 모습에서 무엇이 필요한지 찾아 그것을 붙잡으면 보다 의미 있는 송구영신이 될 것이다.

5

방 탈출 게임

젊은 문화를 체험하고자 방 탈출 게임 카페를 찾았다.

직원의 안내에 따라 좁은 방에 들어서자 전등이 소등되었
고 문까지 잠겼다. 잠겨진 도어록을 재차 확인하니 갇혀버린
느낌이 제대로 들면서 갑자기 답답해지고 약간의 현기증이 밀
려왔다. 공포스러운 분위기가 가득한 밀폐된 공간에 구속당
한 압박을 느끼니 탐정 심리가 자극되었다. 이제부터 주어진
시간 안에 탄탄한 스토리를 담고 있는 문제들을 모두 풀어 자
물쇠를 풀고 탈출해야 한다. 게임의 목표는 곧 탈출이다. 방
탈출을 위한 단서를 찾으려고 엄청나게 집중하기 시작했다.

먼저 방에 놓인 사물들을 보면서 단서와 트릭의 구별을 정
확하게 해야 한다. 함정에 빠지면 새로이 답을 창조하려는 미

런에 붙잡혀 아까운 시간만 낭비하기 때문이다. 단순한 힌트에서 정답을 찾지 못하고 어렵게 생각하다가 스스로를 고립시키는 기분까지 들었다. 그럴수록 침착성이 요구된다.

급하게 문을 열고자 하는 감정이 앞서면 더디기만 한 현재의 상황에 이성을 잃고 흥분하게 된다. 시간이 쏜살같이 흘러 종료 시간에 임박할수록 더욱 집중력을 발휘하며 이 과정에 온전히 몰입해가고 승부욕이 절정에 달한다. 반대로 중간에 포기하고 문이 열리기 만을 기다릴 수도 있다.

탈출 여부와 관계없이 흥미로운 경험이었다. 방안에 갇힌 동안에 지난날의 실수들이 스치듯 떠올랐다. 또한 포털사이트의 검색에 너무 의지하며 살았음을 깨달았다. 똑똑한 검색 때문에 기억력은 엉망이 되어 핸드폰이 없으니 바보가 된 느낌이었다. 그래서 두뇌를 더욱 사용하며 살아가겠다고 다짐했다.

방 탈출 게임은 마치 인생의 축소판 같다.
게임하는 동안에 한 가지 성경 구절이[39] 떠올랐다.
인생에서 반드시 필요한 성경 구절이기도 하다.
게임에서는 탈출에 필요한 단서를 구하고 찾느라 집중한다.

---

39) "구하라 그리하면 너희에게 주실 것이요 찾으라 그리하면 찾아낼 것이요 문을 두드리라 그리하면 너희에게 열릴 것이니"(마 7:7)

인생에서는 원하고 필요한 것을 구하고 찾으며 살아간다. 그것은 권력, 명예, 재물, 지식 등 다양하다. 그런데 욕심이 과하면 원하는 만큼 구해지지 않는다.

갈팡질팡하며 나아갈 바를 알지 못할 때 도움을 얻고자 문을 두드린다.

게임에서는 힌트 찬스를 사용해 인터폰으로 직원에게 물어본다. 트릭에 빠져 풀리지 않는 문제를 붙잡고 시간을 낭비하는 것보다 문을 두드리는 것이 현명한 선택이다. 현실에서도 믿음직한 사람에게 도움을 구한다. 그렇지만 인생의 문제를 풀어갈 정확한 해답을 얻지 못하니 우여곡절을 경험하게 된다. 고된 삶이 계속되어 갈수록 힘겨운 일상에 지쳐 계속해서 두드리지 못할 때가 많지만 열리기 전까지 두드리는 것을 멈추지 않아야 한다.

중요한 사실은 '지금까지 누구에게 구하고 찾고 두드렸는가?'이다. 상대를 잘못 선택했다면 헛수고가 될 것이다. 분명 나에게 도움을 주시는 분께[40] 맡겨야 한다. 이 도움을 경험한 사람들은 구하고 찾고 두드려야 할 문제 앞에 무릎 꿇고 방법을 구한다. 그리고 이 상황을 인도하시는 분을 믿고 나아간다.

---

40) "나의 도움은 천지를 지으신 여호와에게서로다"(시 121:2)

**시작부터 마지막까지 주어진 문제를
차례로 풀어야 방 탈출에 성공한다.**

문제를 풀지 못하면 방 안에서 게임이 종료된다.

방 탈출 게임 종료를 죽음에 비유한다면 탈출의 열쇠를 찾고, 찾지 못하고는 극명한 차이가 있다. 열쇠를 찾지 못하면 죽음 후 영원한 멸망의(계시록 21:8) 자리에 서게 된다. 반면 열쇠를 찾으면 영생을(요한복음 10:28) 누리게 된다. 열쇠는 인생을 사는 동안에만 찾을 수 있다. 호흡이 끝나면 기회도 종료된다.

6

십자가

산 정상에서 도심을 내려다보며 문득 벌집이 생각났다.

오밀조밀 다닥다닥 건물들로 가득한 우리의 공간들이 빈 틈없이 사용되는 모습이 마치 벌집처럼 느껴진 것이다. 벌은 모이려는 속성이 크다. 꿀을 모으려 모인 것보다 벌들이 모이니 분비된 밀랍으로 벌집이 건축되고 유충과 꿀을 저장하게 된 것이라 들었다. 사람들에게 빼앗기지 않는다면 벌집은 시간이 흐를수록 계속 커진다.

그런데 모이려는 속성은 사람이 벌보다 훨씬 강하다고 한다.

이로써 도시의 규모는 점차로 커졌다. 또한 모이려는 속성은 정치적 연대를 만들어 무적의 힘을 표출했다. 깃발이든 촛

불이든 같은 목적 아래 모이면 강력한 집단으로 뭉쳐져 같은 목소리를 냈다. 군중 속에 휩싸이면 다른 목소리는 완벽하게 차단된다. 자신의 의견을 펼치지 못하고 마치 허수아비처럼 머릿수만 채울 수 있다. 이러한 연대가 무서운 것이다. 살인자 대신 메시아를 십자가에 못 박게[41] 선택했다. 과연 내가 당시 현장에 함께 있었다면 유대인들의 성난 요청을 듣고 나서서 설득할 만한 지혜와 용기가 있었을까?

사람은 가끔 높은 곳에서 볼 필요가 있다.

무리 속에 머물면 그 소리밖에 듣지 못한다. 높은 곳에서 보아야 비로소 큰 그림이 파악되고 자신의 위치를 알게 된다. 이것이 생각을 변화시키는 계기를 만든다.

집단의 틀에 고정되지 않고 다르게 보려는 유연성 있는 안목을 가져야 중요한 것을 놓치지 않는다. 가령 비난만 오가는 진흙탕에 빠졌다면 상대를 반격할 공격포인트만 생각할 것이다. 특히 편향적인 이데올로기에 사로잡혀 있다면 생각이 마비되어 세상을 똑바로 보는 중심을 잃어버린 채 상대에 대한 비난 감정만 키워 그들의 길은 망국이라 착시를 느끼게 될 것이다.

지지 후보가 선거에 패배하면 세상이 끝난 것으로 안다.

그런데 시간이 지나고 보면 허망한 집착 때문에 불필요한

---

41) "이에 바라바는 그들에게 놓아 주고 예수는 채찍질하고 십자가에 못 박히게 넘겨 주니라"(마 27:26)

에너지 소진이었다고 느낄 것이다. 나에게 욕하고 무시했던 사람에게 동일한 본보기로 대적하지 않고 과연 다르게 대할 수 있을까? 바로 메시아가 보여주셨던 본보기처럼 말이다.

산 위에서 도심을 유심히 보니 십자가가 참 많았다.

십자가는 공동주택이나 주요 길목의 중심 상가에 항상 위치했다. 그렇게 많은 십자가를 보면서 도대체 십자가는 나와 무슨 관련이 있냐고 말하는 사람들도 있을 것이다.

십자가를 알기 전에는 그렇게 말할 수 있다.

말해주는 사람이 없으니 십자가를 알 방법이 없다. 그래서 별다른 관심이 없었을 것이다.

나 역시 십자가를 모른 채 성장했다.

유년 시절 시골마을에는 십자가가 귀했다. 그만큼 전하는 사람도 귀했다. 서른을 넘어 십자가를 알게 되니 신앙의 추억이 없어 서글픈 것보다 만약 유년 시절부터 기도했다면 지금의 인생이 어떻게 달라졌을까라는 생각이 들었다.

기도를 몰라서 마음에 소원을 체념했던 과거의 내 모습이 안쓰럽다. 하지만 지금이라도 십자가를 알게 되어 행복하다.

도심 주변을 둘러보면 흔하게 십자가가 눈에 띈다. 십자가만큼 전하는 사람도 많다는 증거다. 한 번 정도는 십자가에 대해 들어보았을 것이다. 그러나 지금까지 전혀 들어보지 못했던 독자를 위해 십자가의 의미를 간단히 소개한다.

십자가는 처형의 도구였다.

그런데 예수님의 십자가 처형 이후로 예배당 표식처럼 사용되었다. 성경에는 구원의 방법이 담겨있는데 핵심적 사건은 예수님이[42] 십자가에서 잔인한 고통을 감내하시며 인간의 죄를 해결해 주시려고 대속의 죽음을 맞으셨다. 예수님의 비하는[43] 나무에 달리는 저주까지도[44] 복종하셨다. 희망은 줄어가고 절망감에 불안이 엄습했던 그때에 예수께서 약속대로 죽은 지 사흘만에 부활하셨다.[45] 그래서 우리는 부활의 소망을 품을 수 있다. 예수그리스도의 십자가 죽음이[46] 길을[47] 만들어 놓으셨지만 구원의 선행조건은 예수님을 믿고[48] 메시아(구원주)로 고백할 때 말씀대로[49] 예수님께서 이 땅에 오셨던 이유가 오늘을 사는 나에게까지 연결된다. 이 사실이 십자가의 은혜이다.

---

42) "아들을 낳으리니 이름을 예수라 하라 이는 그가 자기 백성을 그들의 죄에서 구원할 자이심이라 하니라"(마 1:21)

43) "그는 근본 하나님의 본체시나 하나님과 동등됨을 취할 것으로 여기지 아니하시고"(빌 2:6)

44) "사람의 모양으로 나타나사 자기를 낮추시고 죽기까지 복종하셨으니 곧 십자가에 죽으심이라"(빌 2:8)

45) "장사 지낸 바 되셨다가 성경대로 사흘 만에 다시 살아나사"(고전 15:4)

46) "나는 선한 목자라 선한 목자는 양들을 위하여 목숨을 버리거니와"(요 10:11)

47) "예수께서 이르시되 내가 곧 길이요 진리요 생명이니 나로 말미암지 않고는 아버지께로 올 자가 없느니라"(요 14:6)

48) "영접하는 자 곧 그 이름을 믿는 자들에게는 하나님의 자녀가 되는 권세를 주셨으니"(요 1:12)

49) "말씀이 육신이 되어 우리 가운데 거하시매 우리가 그의 영광을 보니 아버지의 독생자의 영광이요 은혜와 진리가 충만하더라"(요 1:14)

십자가에서 희생은 위대한 사랑의 무게로 세상을 향하고 있다.

그 무게가 느껴질 때 "세상에 관한[50)]" 의미가 새롭게 다가온다.

내가 세상을 생각하던 수준과 확연히 다르다. 이것을 알았으므로 같은 마음을[51)] 품어야 하지만 여전히 얕은 수준에 머물러 있다.

'나에게 세상의 무게는 여전히 감당하기 힘든 숙제인가?'라고 생각해 보면 내가 감당할 무게보다 나를 지탱해 주는 무게가 더욱 크게 느껴져 은혜 가운데 살고 있다. 이 은혜가 묵직하게 느껴지지만 오늘을 너무 가볍게 살아간다. 감당하기 힘든 무게가 가벼운 것을 은혜 말고는 어떻게 설명할 수 있을까?

---

50) "하나님이 세상을 이처럼 사랑하사 독생자를 주셨으니…"(요 3:16)
51) "너희 안에 이 마음을 품으라 곧 그리스도 예수의 마음이니"(빌 2:5)

7

마지막 코디

매일 아침이면 '오늘은 무엇을 입을까' 고민한다.

날씨와 일과에 따라 어떤 옷이 어울릴까를 고민한다. 선택이 쉽지 않은 날이면 "코디가 있다면 좋겠네"라고 푸념했다.

사실 한동안 코디가 있었다. 매일 옷을 갈아입혀 주시던 어머니가 떠올랐다. 조금 더 자라 혼자서 의상을 결정하면서 고민의 숙제까지 떠안았다. 옷을 선택하느라 많은 시간을 사용한다.

그런데 '죽으면 무엇을 입고 떠날까?'를 생각하니 태어났을 때도 그렇고 죽어서도 스스로 선택할 도리는 없어 보인다. 그래서 생전에 가족에게 의사를 표현해 두어야 한다고 생각했다.

보통 그렇듯 장례식장에서 추천하는
낯선 삼베를 입고 떠날까?

살아서 입는 옷도 아닌데 어떤 옷을 입는 것이 그렇게 중요한가? 이와 같은 물음에 대한 답은 개인의 가치관에 따라 다르겠지만 나는 중요하다고 생각한다.

생에 마지막 호흡을 마치면 작별 인사는 필요가 없어진다.

그러나 가족은 입관 시에 고인의 마지막 모습을 보며 다시 작별 인사를 한다. 다시 보지 못할 고인 앞에서 감사와 후회 그리고 다짐 등을 담은 마지막 말을 고인에게 남긴다. 거짓이 없는 솔직한 인간의 고백이다. 생전에 함께했던 모습을 기억하고 싶은데 삼베 수의가 입혀진 모습이 너무 낯설고 무섭기까지 했다. 어머니 때도 그랬고 아버지 때도 그랬다. 또한 누나 때도 그랬다. 생전에 한 번도 입어 본 적 없는 삼베를 굳이 고인에게 입혀드려야 하는지 의문이 들었다.

조선시대까지는 평소에 입었던 옷으로 수의를 정했다.

즉 고인에게 소중했던 옷이 수의로 사용되었다. 원단은 주로 비단, 명주, 광목, 사 등으로 만들어졌다. 하지만 예부터 삼베를 수의로 사용하지 않은 것이 전통이었다. 삼은 대마라고 부르는데 지금은 우리 땅에서 재배를 못하니 수입한다.

일제 강점기에 삼베가 흔하고 저렴했다는 이유로 삼베를 수의로 강제화시켰기 때문에 보편화되었다. 배경에는 값비싼 원단들을 장례 사용에 막아 수탈하려는 의도가 있었고 죄인들이 입었던 거친 삼베를 입혀 고인의 명예까지 추락시키는 민족문화 말살정책의 의도로서 좋지 못한 것을 우리 땅에 심었다.

수의에 대한 인식의 전환을 말했지만 사실 나의 죽은 몸을 걱정할 필요는 없다. 무엇을 입든지 상관없다. 하지만 가족을 배려해 고민할 필요가 있다. 평소 삼베를 입지 않았기에 일제의 잔재를 따르긴 싫고 주일에 입던 양복에 노타이를 원한다. 장기기증으로 기회가 될지는 모르겠지만 마지막 작별 모습이 가족에게 낯설지 않기를 바란다.

고인을 모시는 장례방법으로 조선은 화장을 금지했다.

이는 숭유억불(崇儒抑佛) 정책으로 불교에서 행했던 것을 따르지 않은 것이다. 특히 9대 성종 때 강력한 단속과 처벌이 강화되자 화장이 점차로 줄어들어 토장은 전통적 풍속이자 관념이 되었다.

지금은 우리 땅에 묘지가 너무 많다. 묘지의 절대 면적 부족은 물론 묘지 관리에 대한 사회적 비용 낭비에 대한 국민들의 인식과 더불어 다음 세대가 조상의 묘지를 더 이상 돌보지 않을 거란 인식 등으로 화장이 계속 증가하고 있다. 수고를 남기지 않으려는 배려도 있겠지만 그만큼 전통적인 효의 개념이 줄어들 탓이기도 하다.

장례방법과 영생과는 관련이 없다.

윌리엄 폴부쉬(William Forbush)의 저서 「폭스의 순교사」에서 기록된 끔찍한 순교장면에 따르면 「맹렬히 타오르는 풀무불에서 순교자의 육체가 사라졌지만 그들은 영원히 멸망하지 않는 영생을[52] 받았고 이는 결코 불에 타서 사라지는 것이 아니다」라고 한다. 즉 이 땅에 사는 동안에 해야 할 일은 영생을 깨닫고 누리는 것이라는 뜻이다.

고인께서 생전에 가장 아끼던 옷을 입고 낙원에 도착한 이미지를 떠올리도록 영감을 주는 것이 아름다운 작별 장면이라 생각한다. 그래서 마지막 코디를 가족에게 미리 일러주어야 한다.

---

52) "내가 그들에게 영생을 주노니 영원히 멸망하지 아니할 것이요 또 그들을 내 손에서 빼앗을 자가 없느니라"(요 10:28)

8

Amazing Grace

**전기, 수도, 온수, 난방, 가스 등은
매달 사용량에 대한 값을 지불한다.**

하지만 햇빛, 산소, 물, 바람, 화석 등의 에너지 자원은 무상이다. 다만 에너지 자원을 상·공업적으로 활용하기 위한 공정이 필요하고 여기에 비용이 소요된다. 하지만 에너지 자원을 맘껏 사용하는 것은 축복이다. 햇빛, 산소, 물 등이 부족하지 않는 것이 얼마나 커다란 은혜인가? 이것이 급격히 사라져 버리는 상상을 해보면 현재의 풍요는 은혜로 밖에 설명이 안 된다.

우두커니 창밖을 보니 일상적인 모습이 들어왔다.

천진난만하게 뛰어노는 아이들 모습에서 세상이 평화롭다는 생각이 들었다. 분주한 세월을 힘겹게 달려왔더라도 전쟁을 경험하지 않은 것은 은혜이다. 생명의 위협이 계속되는 긴 장관계에 직면한 아이들은 총이나 칼싸움을 하며 호전적인 전쟁놀이를 즐긴다. 위험 속에서 자신을 지키는 것이 중요하기 때문이다. 배고픔에 지치고 애정결핍 속에 놓인 아이들은 채집 같은 놀이를 하며 결핍을 채우려 한다.

이렇듯 물고기나 산짐승 사냥으로 식량을 구하거나 총·칼싸움으로 상대를 제압하면서 즐거움을 찾는 놀이가 아니라 또래와 더불어 함께 어울려 노는 것만으로도 은혜이다.

어떠한 삶의 모양이든 지금까지 지나온 발자취를 돌아보니 특별한 보호의 힘이 늘 함께 있었음이 느껴진다. 나를 지켜주시는 돌봄을 받은 것이 은혜이다.

만삭의 임산부가 기우뚱거리며 힘겹게 걷는 모습이 안쓰럽고 짠하다.

귀한 생명을 품고 조심스레 생활하면서 출산을 준비하는 과정이 힘들지만 최고로 숭고한 시간이다. 아기가 태어나면 노심초사 살피고 돌보는 모성의 진한 사랑에 숭고한 마음이 더한다. 엄마의 수고와 사랑을 자녀가 얼마나 이해할 수 있을까? 엄마의 헌신으로 자녀는 세상에서 당당하게 살아간다. 그런데 은혜를 잊어버리고 도리어 배반하는 행동을 할 때 "배은

망덕(背恩忘德)하다"라고 표현한다.

길러준 부모의 은혜를 망각하고 "부모로서 해준 것이 뭐가 있나"라며 덤벼드는 자녀에게 이 말이 입에서 맴돈다. 시간이 지나 나중에 부모의 상황을 이해하고 잘못을 뉘우쳐도 돌이킬 수 없는 세월이 야속할 것이다. 부모님의 은혜를 쉽게 져버릴 수 없다. 나아가 오늘의 나는 그동안 가르쳐 주신 모든 스승들의 가르침 덕분이었다. 하지만 깨닫지 못하면 그 은혜를 다 알지 못한다.

하나님을 아는 지식이 있어야 내게 베풀어 주신 은혜를 깨닫는다.

그 지식은 성경을 통해 얻는다. 성경 속에서 자신의 모습을 발견하고 타락한 모습에서 벗어나고자 몸부림치며 진통을 겪는다. 이 변화의 지점에 은혜가 충만해진다. 그래서 은혜 받았다고 표현한다.

그러다 일상이 분주해지면 성경과 기도를 잊고 지낸다.

때로는 내 마음대로 혈기 부리며 감정에 치우칠 때 바닥까지 떨어진 믿음이 느껴진다. 말씀을 듣고 보아도 더 이상 은혜가 느껴지지 않는 먹먹한 마음 때문에 힘겹다.

그런데 이 마음이 자리 잡은 이유를 자신은 정확히 알고 있다. 그래서 회개하면 봄기운 가득한 햇살이 쌓인 눈을 녹이듯 다시 믿음을 회복하는 변화의 시간이 찾아오기 마련이다.

이때가 바로 은혜의 시간이다. 성경과 기도가 삶 가운데 있을 것이다.

공상 과학 영화에서 등장했던 꿈같은 내용들이 현실로 실현되있고 가까운 미래에 더욱 많은 변화가 있을 거라 짐작된다.

엄청난 기술 발전 덕택으로 편리해진 만큼 복잡한 세상에서 살아가고 있다. 오늘의 사실이 내일이면 내용이 뒤집혀 버리기도 한다. 과학기술의 영향으로 언제부터 인지 눈으로 확인하고도 믿지 못하는 습관이 생겼다. 그래서 '보이지 않는 존재'에 대한 믿음을 부인하는 주장이 설득력 있게 통한다. 마치 다른 세대 사람들이 행했던 종교 생활로(사사기 2:10-11) 오해한다. 하지만 그 어떠한 상황에서도 믿어지는 것이 엄청난 은혜이다.

이렇게 Amazing Grace를 믿으면 항상 가까이서 함께함이 느껴진다.

"우리가 주목하는 것은 보이는 것이 아니요 보이지 않는 것이니 보이는 것은 잠깐이요 보이지 않는 것은 영원함이라"(고린도후서 4:18)

은혜는 마치 흘러가는 강물 같다고 한다.

강물을 차단시킨다고 해서 물이 사라지지 않는다.

물을 막아도 가득 차면 흘러넘치거나 주변의 낮은 곳으로 흘러간다. 이 많은 강물 중에 작은 일부라도 나에게 흘러 들어오는 것이 중요하다. 만약 수도꼭지를 틀어도 물이 나오지 않는다면 즉시 어려움에 직면할 것이다.

유년 시절 집으로 연결된 상수관이 추위에 얼어 불편한 경험을 했었다. 겨우내 개울에서 물을 길었다. 그때 정말 귀하게 물을 사용했었다. 그런데 봄이 되어 수돗물이 콸콸 쏟아지자 생활이 달라졌다. 사실 그동안 물이 없던 것이 아니라 집까지 오는 파이프라인 중간이 막혔던 것이다.

결국 Amazing Grace는 그대로인데 이것을 깨닫지 못하면 마치 파이프라인이 막혀서 수돗물이 나오지 않는 것 같은 힘겨운 삶을 살 수도 있다는 의미다.

Amazing Grace를 깨닫는 것이 은혜를 누리며 사는 비결이다. 오늘 나에게 충분한 물이 오고 있는가? 은혜를 돌아보며 감사를 생각해 본다.

"주 예수의 은혜가 모든 자들에게 있을지어다 아멘"(요한계시록 22:21)

망망한 바다 한가운데서 배 한 척이 침몰하게 되었습니다.
모두들 구명보트에 옮겨 탔지만 한 사람이 보이지 않았습니다.
절박한 표정으로 안절부절 못하던 성난 무리 앞에 급히 달려 나온 그 선원이
꼭 쥐고 있던 손바닥을 펴 보이며 말했습니다.
"모두들 나침반을 잊고 나왔기에… "
분명, 나침반이 없었다면 그들은 끝없이 바다 위를 표류할 수 밖에 없을 것입니다.

우리는 삶의 바다를 항해하는 모든 이들을 위하여
그 나침반의 역할을 하고 싶습니다.
우리를 구원하신 위대한 주 예수 그리스도를 널리 전하고 싶습니다.

"하나님은 모든 사람이 구원을 받으며
진리를 아는 데에 이르기를 원하시느니라"
(디모데전서 2장 4절)

생각의 곳간

지은이 | 김선덕
발행인 | 김용호
발행처 | 나침반출판사

제1판 발행 | 2022년 7월 10일

등   록 | 1980년 3월 18일 / 제 2-32호
본   사 | 07547 서울특별시 강서구 양천로 583 블루나인 비즈니스센터 B동 1607호
전   화 | 본사 (02) 2279-6321 / 영업부 (031) 932-3205
팩   스 | 본사 (02) 2275-6003 / 영업부 (031) 932-3207
홈   피 | www.febc.net / www.nabook.net
이   멜 | nabook365@hanmail.net

일러스트 제공 | 게티이미지뱅크

ISBN 978-89-318-1639-6
책번호 가-3106

값은 뒤표지에 있습니다.